J.-J.-E. (Just-Jean-Etienne) Roy

Quinze ans de séjour a Java

Et dans les principales îles de l'archipel de la Sonde et des possessions néerlandaises des Indes Orientales;

J.-J.-E. (Just-Jean-Etienne) Roy

Quinze ans de séjour a Java
Et dans les principales îles de l'archipel de la Sonde et des possessions néerlandaises des Indes Orientales;

ISBN/EAN: 9783337117481

Printed in Europe, USA, Canada, Australia, Japan

Cover: Foto ©ninafisch / pixelio.de

More available books at **www.hansebooks.com**

QUINZE ANS
DE
SÉJOUR A JAVA

ET DANS LES PRINCIPALES ILES

DE L'ARCHIPEL DE LA SONDE

ET

DES POSSESSIONS NÉERLANDAISES DES INDES ORIENTALES

SOUVENIRS

D'UN ANCIEN OFFICIER DE LA GARDE ROYALE

RECUEILLIS ET PUBLIÉS

PAR J.-J.-E. ROY

DEUXIÈME ÉDITION

TOURS

A^d MAME ET Cie, IMPRIMEURS-LIBRAIRES

M DCCC LXIII

QUINZE ANS

DE

SÉJOUR A JAVA

DANS L'ARCHIPEL DE LA SONDE

ET DANS

LES POSSESSIONS NÉERLANDAISES DES INDES ORIENTALES

INTRODUCTION

En 1830, j'étais sous-lieutenant dans l'infanterie de la garde royale. Notre régiment se trouvait en Normandie quand la révolution de juillet éclata. Un ordre envoyé sur les ailes du télégraphe nous rappela en toute hâte à Paris. Dans ce temps-là les chemins de fer n'existaient pas, et nous n'avions, pour obéir, d'autres moyens que des marches forcées. Mais nous eûmes beau doubler et même tripler les étapes, quand nous arrivâmes à quarante kilomètres de Paris, nous apprîmes que tout était terminé, et que Charles X avec l'armée royale était en retraite sur Rambouillet. En même temps nous reçûmes l'ordre de nous diriger sur cette résidence. Nous y arrivâmes pour recevoir les adieux du vieux roi, qui le même jour s'acheminait sur Cherbourg, où il devait s'embarquer pour la terre d'exil.

La garde royale fut licenciée. Ma carrière militaire se trouva ainsi brisée, car les principes dans lesquels j'avais été élevé ne me permettaient pas de prendre du service sous le nouveau régime. Mon père, ancien émigré rentré en France avec les Bourbons, se regarda comme atteint du même coup qui les bannissait de la terre natale, et lorsque après le licenciement de la garde royale j'allai le rejoindre à Paris, je le trouvai prêt à partir pour la Belgique. « Je t'attendais, me dit-il, car je savais bien que tu ne mettrais pas ton épée au service d'un duc d'Orléans. Nous allons nous rendre à Gand ou à Bruxelles, où j'ai laissé quelques amis, et là nous attendrons, comme il y a quinze ans, que l'orage révolutionnaire soit passé. »

Nous partîmes donc dès le lendemain, et quelques jours après nous passions la frontière. Nous nous installâmes d'abord à Bruxelles; mais il n'y avait pas encore deux mois que nous habitions cette ville, que la révolution y éclata à son tour.

« Allons, me dit mon père, la révolution semble avoir pris à tâche de nous poursuivre; mais celle-ci est encore moins sérieuse que celle de Paris. Les Belges ont voulu faire une contrefaçon, selon leur habitude; le prince d'Orange les aura bientôt mis à la raison. En attendant, nous allons nous retirer à la Haye, car je ne me soucie pas de me trouver au milieu de ce gâchis.

— Mon père, répondis-je, je suis las de toujours fuir devant l'émeute. Puisque les circonstances ne m'ont pas permis de défendre contre elle mon souverain légitime, il me semble qu'il est de mon devoir de royaliste d'offrir mon épée au prince dans les États duquel nous sommes venus chercher un asile, et qui se trouve menacé du même sort qui a atteint notre roi.

— J'approuve ta résolution, et moi-même je t'aurais engagé à prendre du service dans l'armée hollandaise, si je n'avais craint que cela ne t'empêchât d'aller reprendre ton poste auprès du roi de France, qui d'un moment à l'autre peut avoir besoin de tous ses fidèles serviteurs pour l'aider à rentrer dans ses États. Mais dans les circonstances actuelles, tu peux entrer facilement en qualité de volontaire dans un régiment néerlandais; je te présenterai à mon vieil ami le général Van der B..., que j'ai beaucoup connu pendant l'émigration; il te casera convenablement, et de manière à te laisser libre après la répression de l'émeute, ce qui, comme je l'espère bien, ne sera pas long. La position de Guillaume Ier est toute différente de celle de Charles X. L'insurrection ne sortira pas de Belgique, et Guillaume peut compter pour la réprimer sur la fidélité de la Hollande, et sur l'antagonisme qui existe entre les anciennes Provinces-Unies et les provinces belges. Qui sait même si le succès certain du roi des Pays-Bas ne contribuera pas au rétablissement du roi de France, et si nous ne verrons pas bientôt Charles X ramené triomphant de Gand à Paris, comme son frère le fut il y a quinze ans? L'Europe entière y est intéressée comme elle l'était à cette époque, et elle ne saurait pas plus approuver ce qui vient de se passer à Paris et ce qui se passe en ce moment à Bruxelles, qu'elle n'approuva le retour de l'île d'Elbe et le renversement du trône légitime par un usurpateur. Va donc, mon fils, défendre courageusement la cause du roi Guillaume, car tu défends en même temps celle de ton roi légitime. »

Cette conclusion était parfaitement conforme à mes sentiments; mais j'étais loin de partager les illusions de mon père quant au résultat de la lutte prête à s'engager, et surtout à ses effets relativement à la restauration de la branche aînée des Bourbons. Je me gardai bien toutefois de faire part de mes craintes à mon père; habitué qu'il était à transformer trop facilement ses désirs en espérances, le temps et les événements se chargeraient toujours trop tôt de les faire évanouir.

A la recommandation du général Van der B..., je fus reçu dans l'état-major du prince d'Orange en qualité d'officier d'ordonnance. Je pris part, sous les ordres de ce prince, à la lutte sanglante qui signala les derniers mois de 1830; mais loin de triompher de l'insurrection, comme s'en était flatté mon père, l'armée hollandaise fut contrainte d'abandonner la Belgique. Les puissances étrangères intervinrent, non pas pour seconder les efforts de la maison d'Orange-Nassau, mais pour reconnaître la Belgique comme État indépendant. Bientôt les Belges décernèrent la couronne à Léopold, prince de Saxe-Cobourg, veuf de la princesse royale d'Angleterre, et une armée française vint assiéger et prendre pour les Belges la citadelle d'Anvers, seule forteresse restée au pouvoir des Hollandais. Dès lors la séparation de la Belgique et de la Hollande fut entièrement consommée.

Mon père, en voyant s'évanouir toutes ses illusions, en voyant l'Europe, l'Angleterre en tête, sanctionner tous les changements qui venaient de s'opérer en France et dans les Pays-Bas, fut saisi d'une profonde tristesse. Sa santé s'en ressentit. Déjà altérée par l'âge et l'insalubrité du climat, elle dépérit de jour en jour sous l'influence des chagrins que lui causait la perte de toutes ses espérances. Enfin il succomba au mois de décembre 1833, en m'engageant à rester toujours fidèle à la devise *Vive le roi, quand même!...* Je le lui promis, et cette assurance parut adoucir ses derniers instants.

J'étais toujours resté attaché à l'état-major du prince d'Orange avec mon titre d'officier d'ordonnance volontaire. Après la mort de mon père, le général Van der B... m'engagea à prendre définitivement du service dans l'armée, m'offrant de me faire donner le brevet de capitaine dans un des régiments prêts à partir pour les colonies hollandaises. « La perte de la Belgique, me dit l'ancien ami de mon père, va faire reporter toute la sollicitude du gouvernement sur ses possessions d'outre-mer. Ses riches colonies des îles de la Sonde, Java, Sumatra, Borneo et leurs dépendances, vont être appelées à reprendre avec une nouvelle activité les relations qu'elles entretenaient autrefois avec la métropole, et peut-être verrons-nous bientôt le commerce avec ces îles redevenir aussi florissant qu'il l'était jadis. Là, continua mon interlocuteur, s'ouvre pour vous une carrière brillante; vous pouvez, comme militaire, y obtenir un avancement rapide, et en même temps prendre part à des spéculations commerciales qui vous conduiront à la fortune; car, dans nos colonies, l'état militaire n'est pas incompatible avec ces sortes d'opérations. »

Sans me laisser éblouir par cette brillante perspective, j'acceptai les offres du général. L'idée de visiter et d'étudier ces pays lointains, dont j'avais tant entendu parler, l'idée aussi de m'éloigner de l'Europe au moins pendant que la France serait encore en proie à l'esprit révolutionnaire, étaient pour moi un motif plus déterminant que l'espérance douteuse de faire fortune au moyen d'opérations commerciales pour lesquelles je ne me sentais ni attrait ni vocation.

Me voilà donc nommé capitaine dans un régiment colonial hollandais. L'état-major et les cadres du régiment dans lequel j'entrais, étaient déjà depuis plusieurs années établis à Java; mais ce régiment avait besoin de nombreuses recrues pour réparer les vides occasionnés par les maladies auxquelles sont trop souvent exposés les Européens avant leur acclimatation dans ces parages, et aussi par les congés accordés aux militaires qui avaient accompli leur temps de service.

La composition de ces troupes coloniales était loin d'offrir un tout homogène ; le gouvernement hollandais les recrutait un peu partout, et principalement en Allemagne, en Suisse, et parmi les déserteurs prussiens, anglais, français, portugais et espagnols, sans compter les indigènes des colonies qui y entraient aussi dans une certaine proportion. La majeure partie des officiers étaient hollandais (environ les deux tiers); quant aux sous-officiers, la proportion était inverse; un tiers au plus était hollandais d'origine, le reste était étranger.

Les renforts nécessaires à mon régiment devaient s'élever de mille à douze cents hommes, qui devaient être répartis par détachements de trois à quatre cents, et envoyés à leur destination à mesure qu'ils seraient organisés en compagnies, et que l'on pourrait disposer de bâtiments de transport nécessaires à leur translation.

Je fis partie du premier convoi, embarqué sur

la frégate *la Princesse d'Orange*. Il se composait de trois cent cinquante hommes, divisés en trois compagnies. Nous étions sous les ordres immédiats d'un major, remplissant les fonctions de chef de bataillon.

Les autres convois devaient nous suivre à un mois ou deux au plus de distance.

CHAPITRE I

Arrivée à Batavia. — Désappointement que j'éprouvai au débarquement. — Aspect de la nouvelle ville. — Visite sommaire dans l'intérieur de la ville. — Population; principaux édifices publics. — Insalubrité ancienne de Batavia. — Ses causes. — Son assainissement actuel. — Le choléra. — Ses ravages dans l'île de Java. — Sa marche sur le globe. — Moyens que les Européens doivent employer pour se préserver des maladies ordinaires à Batavia. — Différence de l'influence des marais d'eau douce et des marais salés.

Après une navigation qui ne dura pas moins de deux mois et demi, nous entrâmes dans le fameux détroit de la Sonde, qui sépare les îles de Java et de Sumatra, et peu de temps après nous jetâmes l'ancre dans le port ou *boone* de Batavia, la capitale des Indes hollandaises. Cette ville, bâtie sur la rivière de Tjiliwong, occupe l'emplacement de Djokatra, ville célèbre qui fut réduite en cendres par les Hollandais vers l'an 1620, et qui elle-même avait été construite sur les ruines de l'ancienne cité javanaise de *Sunda-Calappa*. C'est ainsi que partout les ruines succèdent aux ruines.

J'éprouvai, en débarquant, un singulier désappointement. L'état-major et la musique nous attendaient sur le quai; nos soldats, en grande tenue, dans leur uniforme tout neuf, se rangèrent en bon ordre en sortant des chaloupes, et bientôt nous nous acheminâmes, au son des tambours et d'une musique guerrière, vers le quartier qui nous était destiné. Je marchais fièrement en tête de ma compagnie, que j'avais exercée avec soin avant notre départ et pendant la traversée, et je m'attendais, dès notre entrée en ville, à attirer l'attention des habitants par la bonne tenue et l'air martial de notre troupe. Mais, au lieu de la magnifique cité dont on m'avait tant vanté la splendeur, quel fut mon étonnement quand nous entrâmes dans une rue étroite, bordée de cabanes de bambous, au milieu d'une population déguenillée de portefaix, de Malais et de Chinois, qui nous regardaient d'un air indifférent, ou avec un sourire hébété! Le major, qui, pendant toute la traversée, m'avait parlé avec tant d'emphase de la magnificence de Batavia, marchait à quelques pas devant moi.

J'aurais bien voulu m'approcher de lui pour lui reprocher de s'être moqué de moi ; mais le bourreau semblait m'avoir deviné, et, comme pour me narguer, il continuait à marcher à distance avec ce flegme qui n'appartient qu'à sa nation, sans daigner tourner la tête de mon côté, malgré les efforts que je faisais et mes *hem! hem!* répétés pour appeler son attention.

Enfin, après une bonne demi-heure de marche à travers ces rues étroites et tortueuses, la voie s'élargit tout à coup, et le major s'arrêta pour commander, « par sections, en ligne ! » Je répétai aussitôt le commandement, et au moment où je me retournai, après l'avoir fait exécuter, je me trouvai cette fois à côté du major, qui me dit d'un air narquois : « Veillez à ce que vos hommes conservent bien leur alignement, nous allons entrer en ville. — Et où sommes-nous donc depuis plus d'une demi-heure ? fis-je avec étonnement. — Nous sommes dans le faubourg de *Buiten Neuw-portstraat* ; » et il reprit gravement son poste et son pas cadencé. Je sus plus tard que ce faubourg était un reste de l'ancienne ville de Djakatra.

Bientôt nous nous trouvâmes dans une belle et large rue, ou plutôt une espèce de boulevard, bordé de jolies habitations toutes entourées de jardins plus ou moins grands, dont les arbres élevés jetaient leur ombrage jusque sur la chaussée, et dont les fleurs répandaient un parfum délicieux. Les fenêtres et les terrasses de ces maisons étaient garnies de dames en brillantes toilettes européennes; les hommes, coiffés de larges chapeaux de paille de Panama, et vêtus de vestes et de pantalons de nankin ou de toile blanche, se tenaient de chaque côté de la chaussée, en fumant gravement leurs pipes, et échangeant de temps en temps des saluts et même des poignées de mains avec quelques-uns de nos officiers de leur connaissance.

La vue de cette population si différente de celle que nous venions de rencontrer, et qui semblait s'être réunie pour nous souhaiter la bienvenue; l'aspect de ces maisons si coquettes, dont la tenue annonçait cette propreté minutieuse qui caractérise le peuple néerlandais, et formait un contraste si frappant avec la saleté et le délabrement des masures de la vieille ville; tout cela, dis-je, fit sur moi une impression des plus agréables, et me réconcilia en un instant avec un pays dont le premier aspect m'avait paru si repoussant.

Le boulevard que nous suivions se prolongeait pendant trois kilomètres au milieu d'habitations et de jardins variés de formes et d'étendue, ce qui rompait la monotonie et l'ennui que présentent souvent les longues avenues en ligne droite et aux constructions régulières. Enfin nous arrivâmes à une vaste place formant un carré parfait, entouré d'édifices dont la forme indiquait la destination. Cette place se nomme le Weltevreden, ou le quartier militaire; c'était là que nos soldats devaient être casernés. De jolis pavillons réservés aux officiers s'élevaient à côté des casernes affectées aux troupes. L'ensemble avait un aspect de propreté et de confortable qu'on rencontre rarement dans nos villes de garnison d'Europe.

Aussitôt que le bataillon eut fait halte, en attendant l'inspection sommaire que devait passer le général commandant la place, le major s'approcha de moi et me dit : « Eh bien, comment trouvez-vous notre résidence?

— Elle me paraît charmante; c'est presque un paradis terrestre; mais vous auriez dû me prévenir que, pour arriver à ce séjour enchanté, il fallait passer par une bien vilaine antichambre. »

Ici notre conversation fut interrompue par l'arrivée du général ; puis, l'inspection passée, le reste de la journée fut employé à notre installation.

Je me logeai, non pas dans un des pavillons destinés aux officiers, mais dans une jolie petite maison que je louai dans Konings-Plein (Plaine ou Place Royale); cette place, située tout près de Weltevreden, est environnée de charmantes habitations avec jardins, avantage auquel je tenais beaucoup et que ne m'offraient pas les pavillons d'officiers dont j'ai parlé. Du reste, les plus beaux logements de ces pavillons étaient occupés par le commandant de place, sa famille et ses bureaux, et par d'autres officiers en permanence à Batavia. Ce qui restait libre ne pouvait convenir qu'à des officiers subalternes. Quant aux capitaines et aux officiers supérieurs de la garnison, ils prenaient leur logement en ville.

J'employai les jours qui suivirent mon arrivée, dans les moments qui n'étaient pas consacrés à mon service, à visiter la ville, que je n'avais fait, pour ainsi dire, qu'entrevoir en traversant une partie avec mon bataillon. Au delà du Weltevreden, je remarquai un faubourg plus beau encore que le boulevard par lequel nous étions arrivés en sortant de l'ancienne ville. Il se prolonge sur la route de Buitenzoorg, résidence du gouverneur, environ quatre kilomètres jusqu'au delà d'un lac appelé Maester-Cornelis. Toutes les maisons qui bordent cette route sont construites avec une élégance remarquable. En outre, quelques allées latérales aboutissant au canal de Mooleuvliet ou aux places dont je viens de parler, comme le Prinsen-Laan, le chemin de Gonong-Saharie, le chemin de Tanaabon, etc., complètent l'ensemble de ce charmant faubourg, habité par les plus riches négociants de la ville et par les principaux employés du gouvernement.

Entre ces différents quartiers européens et par derrière, se trouvent ceux des habitants asiatiques et des Chinois. Le quartier principal de ces derniers, appelé aussi le camp chinois, est hors de l'enceinte et à l'ouest de l'ancienne ville, dont il formait comme un vaste faubourg; mais à la longue ils se sont glissés partout, et on les voit maintenant établis de tous côtés, surtout dans les bazars situés dans les parties que je viens d'indiquer.

Batavia ne renferme pas moins de soixante mille âmes (1). On y compte environ vingt-quatre

---

(1) Aujourd'hui (en 1860) ce nombre est plus que doublé.

mille Javanais ou Malais, quinze mille Chinois, six cents Arabes, douze mille esclaves; le reste des habitants se compose d'Européens. Outre les belles maisons particulières dont j'ai parlé, j'y remarquai, dès mes premières promenades, de fort beaux édifices publics, tels que l'église luthérienne, le grand hôpital militaire, le palais du Weltevreden, et les bâtiments qui bordent la place de Waterloo (*Waterlooplein*). Quoique Batavia soit la capitale de toutes les possessions néerlandaises des Indes orientales ou de la Malaisie (selon la nouvelle division adoptée par les géographes), le gouverneur général n'y résidait pas habituellement à l'époque de mon arrivée. Il habitait le magnifique château de Buitenzoorg, dans la résidence de ce nom, où se trouve un des plus riches jardins botaniques du globe. Mais depuis il est revenu se fixer à Batavia, au château de Weltevreden.

J'avais souvent entendu dire en Europe que Batavia était une des villes les plus insalubres qui soient au monde; je l'avais même lu dans les relations de plusieurs voyageurs du xviie et du xviiie siècle, qui la représentaient surtout comme le tombeau des Européens. Cependant l'aspect des

quartiers dont j'ai parlé, l'air pur et embaumé
qu'on y respire, les visages frais et pleins de santé
des Européens qui les habitent, semblaient donner un démenti à ces assertions. Mon major, à qui
j'en parlai un jour, me répondit que c'était une
insigne calomnie ; qu'il avait habité Java et Batavia
pendant plus de vingt ans, à différentes reprises,
et qu'il s'y était toujours mieux porté qu'en Europe ;
d'où il concluait que le climat de cette ville était un
des plus sains du globe.

« Qu'en pensez-vous, docteur? dis-je en souriant au médecin en chef de l'hôpital militaire,
qui se trouvait par hasard présent à notre conversation. S'il était question de stratégie, je m'en
rapporterais volontiers au major; mais dans un cas
où il s'agit de salubrité et d'hygiène publique, je
vous regarde comme un juge plus compétent que
lui.

— Il y a, répondit le docteur, dans ces deux
assertions contraires, comme cela arrive ordinairement, du vrai et de l'exagération. Dans l'origine, Batavia, placée dans les conditions communes
à toutes les villes intertropicales dont le sol est
bas, c'est-à-dire mal située et de plus mal organisée, méritait la mauvaise réputation qu'on lui

avait faite; mais depuis les premières années de ce siècle, la constitution locale de son territoire a subi de grandes et nombreuses modifications, qui, secondées habituellement par l'administration de l'illustre Daendels et par le baron Van der Capellen, son successeur médiat, ont elles-mêmes modifié l'état sanitaire et la mortalité de Batavia, ce qui fait qu'aujourd'hui cette ville n'est pas plus malsaine que tant d'autres ports de mer situés entre les tropiques.

« Pendant les premières dizaines d'années qui suivirent la fondation de Batavia (de 1620 à 1650), les environs de cette ville consistaient presque tout entiers en marécages et en broussailles. C'est à quoi, dès lors, on attribuait sa fameuse insalubrité. Bien plus, les anciens habitants ont encore aggravé cette insalubrité par leur propre faute, ne voulant pas comprendre que la construction d'une ville intertropicale devait être différente de celle d'une ville européenne et surtout d'une ville néerlandaise. En fondant Batavia, l'on trouva bon de lui donner la forme d'un carré oblong, qui fut entouré de murs et de bastions et pourvu d'une forte citadelle sur sa face septentrionale. Ce n'était pas en cela que consistait la faute; car dans ces temps d'agitation, où les Provinces-Unies, en guerre avec l'Angleterre, avaient encore à se défendre contre les aborigènes, il fallait bien que Batavia devînt une forteresse. Dans les commencements, la ville entière se trouvait à l'est du Tjiliwong. Mais l'accroissement de la population commanda des agrandissements, et bientôt la rive gauche du fleuve put s'enorgueillir d'un quartier non moins vaste et presque aussi magnifique que l'ancienne ville. Le Tjiliwong traversait donc la ville dans toute sa longueur, avec un courant rapide, et la divisait en deux parties à peu près égales. Mais ce n'était pas assez pour les Hollandais que la capitale de leurs possessions dans cette partie du monde leur rappelât le nom de leur ancienne patrie (1); ils voulurent encore en faire une ville hollandaise, coupée en tous sens par une infinité de canaux. Bientôt, en effet, des canaux furent creusés en grand nombre à l'est et à l'ouest du Tjiliwong. On embellit leurs quais en y plantant de beaux arbres des Canaries et des Tameriades. Et pour faire participer à ces ornements les jardins qu'ils dessinèrent à l'ouest de

---

(1) *Batavia*, pays des Bataves, ancien nom des Hollandais.

la ville, les habitants y firent passer une quantité de fossés et de canaux de dérivation, qui, par l'est, communiquaient immédiatement avec ceux de Batavia, par l'ouest, avec l'Ankée.

« Il résulta de ce système de canaux que le Tjiliwong, dont le courant avait beaucoup de force à son entrée dans la ville, dut céder aux cours émissaires une partie de ses eaux; qu'ainsi ce fleuve, considérablement affaibli, ne pouvant plus porter jusqu'à la mer les corps insolubles entraînés par la puissance du courant au-dessus de Batavia, fut forcé de les déposer, partie dans les canaux, partie à son embouchure, de manière à rendre plus haut et plus large le banc qui s'y trouvait. Dès lors le rapide et beau Tjiliwong ne fut plus qu'un petit cours d'eau, et, loin de purifier la ville, il l'infectait par les précipités dont il remplissait les canaux, qui devenaient de moins en moins profonds et de plus en plus immondes.

« Cet état de choses fut empiré par le violent tremblement de terre de 1699, qui changea sensiblement le cours du fleuve. Ses eaux se frayèrent un passage à travers champs, et lorsqu'elles rentrèrent dans leur lit, plus près de la ville, elles charrièrent une si grande quantité de pierres et de vase que les canaux de la ville en furent entièrement remplis, que l'eau cessa d'être potable et que les poissons moururent.

« Néanmoins on ne devint pas encore sage. On souilla même de plus en plus les canaux en y jetant toutes sortes d'immondices. On laissa l'eau fangeuse répandre ses exhalaisons pestilentielles et les hommes mourir. Ce n'était que lorsque les canaux cessaient ou allaient cesser d'être navigables, qu'on les curait un peu; mesure insuffisante, et qui ne faisait que pallier le mal au lieu d'y remédier.

« Sous de telles influences, il était inévitable que les maladies et la mort exerçassent de terribles ravages dans l'enceinte de Batavia. Les listes mortuaires font frémir à l'aspect du nombre des victimes, qui s'élevaient à des milliers (1).

« Les principales maladies des habitants de Batavia étaient des fièvres pernicieuses et des dyssenteries intenses; et l'on peut, sans exagération, attribuer à ces causes les cinq sixièmes des décès. Les Européens étaient ensevelis dans la ville, les

---

(1) De 1759 à 1778 inclusivement, 74,254 personnes ont été inhumées dans la ville et dans ses alentours, sans compter les villages où chacun enterrait ses morts sur son propre terrain.

Chinois, hors des murs, sur les deux côtés de la route de Jacutra. Nouvelles et puissantes causes de maladies qui coûtèrent la vie à beaucoup de monde. Enfin le mal devint si grand, qu'il fut un instant question d'abandonner Batavia, et de faire de Sourabaya le siége du gouvernement hollandais dans ces contrées. Ce projet avait été proposé par Daendels; mais, le voyant trop fortement combattu, il en conçut un autre non moins vaste : c'était de transformer Batavia elle-même, et de détruire, autant qu'il était possible, les causes d'insalubrité occasionnées jusque-là par l'ignorance et la routine.

« Il commença par faire combler la plupart des canaux, afin d'assurer au fleuve un courant plus rapide. Il fit exhausser et cultiver des marécages et des champs de riz abandonnés aux environs de Batavia. Convaincu que le voisinage des tombeaux, et surtout celui des tombeaux chinois, situés dans un terrain marécageux, était funeste à la population, il ordonna que les enterrements eussent lieu plus loin de la ville. Daendels, dont le mérite, comme celui de beaucoup de grands hommes, ne fut reconnu qu'après sa mort, comprenait la nécessité d'en finir avec les conditions délétères où se trouvaient les habitants de Batavia. Certain que cette ville n'avait plus désormais d'ennemis à craindre à l'intérieur, il en fit raser les murs et le fort, et résolut de placer Batavia sur un terrain plus élevé, à trois milles environ ou quatre kilomètres de la ville ancienne. Il commença aussitôt la construction de la ville neuve par les casernes, les jolis pavillons d'officiers, et le palais du gouvernement, qu'il fit élever sur le terrain de Weltevreden.

« Cet exemple fut suivi de tous les côtés. Bientôt Mooleuvliet, Noordwyk, Ryswyk, Gonong-Saharie, comptèrent de nouvelles maisons de bon goût, espacées et spacieuses; et dès l'an 1816, presque tous les Européens avaient quitté l'ancienne ville; il n'y restait plus que les bureaux indispensables du gouvernement, de la municipalité et des maisons de commerce.

« De leur côté, les Chinois et les aborigènes, dont l'existence tenait à celle des Européens, bâtirent des villages dans le voisinage immédiat de la ville neuve, ou donnèrent plus d'extension à ceux qui s'y trouvaient déjà, surtout depuis l'époque où les habitations des Européens commencèrent à s'élever en grand nombre autour du

Konings-Plein, à Parapattan, à Tanabang, à Kramat et sur la grande route de Buitenzoorg. Ainsi, en moins de vingt ans, on vit Batavia renaître plus belle, et se transformer en une ville intérieure, spacieuse, élégante, qui fait l'ornement de l'Inde néerlandaise.

« Il s'ensuivit que, dans l'ancienne ville, beaucoup de maisons tombées en ruines furent démolies; que la suppression du fort et de l'enceinte, ainsi que la diminution du chiffre de la population, rendirent la ville plus large, plus ouverte, et facilitèrent le passage de l'air. Cette partie de Batavia fut donc aussi assainie elle-même, et le seul camp chinois conserve encore sa primitive insalubrité. Quant à la ville neuve, située sur un terrain plus élevé, plus ferme, plus sec; environnée d'une quantité de champs fertiles et bien cultivés; composée de beaux quartiers dont l'excellente distribution promet à l'air de circuler en liberté, elle comprend une étendue beaucoup plus considérable que celle de l'ancienne ville, et elle est dans des conditions hygiéniques incomparablement meilleures. Aussi les fièvres pernicieuses et les dyssenteries qui ont fait autrefois tant de ravages à Batavia, ne se rencontrent plus que dans quelques villages des environs construits par les indigènes dans des conditions déplorables ; et si parfois ces maladies apparaissent encore dans la ville, c'est avec un caractère bénin, qui les rend presque inoffensives. C'est ainsi que Batavia, sans être devenue, comme le disait tout à l'heure le major, la ville la plus saine du globe, a du moins acquis un degré de salubrité qui ne le cède à aucune des villes placées dans des conditions identiques. J'ajouterai enfin, pour dire toute la vérité, que les différents quartiers de la ville ne sont pas tous également sains, et que si le Weltevreden, Konings-Plein, Parapattan, Kramat, le faubourg de Buitenzoorg et d'autres, ne laissent rien à désirer, il est encore un grand nombre de localités qui sont loin d'avoir été assainies comme ces quartiers privilégiés, sans parler du camp chinois, qui, comme je l'ai dit, offre encore aujourd'hui, sous le rapport de l'insalubrité, le spectacle le plus déplorable. »

Quand le docteur eut cessé de parler, je le remerciai des détails dans lesquels il avait bien voulu entrer pour m'instruire de l'état sanitaire d'une ville qui allait devenir, au moins pour un certain temps, ma résidence principale. « Cependant, ajoutai-je, il est une maladie dont vous ne m'avez pas parlé, qui a fait, à ce que j'ai entendu dire, de terribles ravages à Java et à Batavia il y a peu d'années, et qui s'y est établie, pour ainsi dire, en permanence, comme dans l'Inde; vous avez déjà compris que je veux parler du *choléra-morbus*.

— Je vous ferai d'abord observer que le choléra ou *mordechi*, comme nous l'appelons ici, n'est pas plus endémique dans ce pays qu'en Europe, où il vient de faire aussi de terribles apparitions. Cette maladie fut importée, en 1819, de l'Inde transgangétique à Java, et elle attaqua d'abord Samarang, une des trois grandes villes de l'île. Après avoir exercé d'horribles ravages dans cette ville, le choléra commença à s'étendre d'abord le long de toute la côte septentrionale de Java, ensuite dans l'intérieur de l'île. Il emporta dans sa marche cent dix mille habitants. Mais c'est à Batavia, et surtout dans le port de Samarang, où il reparut en 1822, qu'il fut le plus désastreux. Depuis la *peste noire*, que les chroniques contemporaines du xive siècle prétendent avoir emporté la moitié de la population de l'ancien continent, jamais épidémie aussi dévorante ne parcourut une aussi vaste surface, et ne frappa un aussi grand nombre de victimes. Mais Java ne fut pas plus maltraité que beaucoup d'autres contrées que ce redoutable fléau visita successivement à partir de cette époque. Il se propagea, du delta du Gange, où il est endémique, dans toute l'Asie méridionale et orientale, et dans une grande partie de l'Asie moyenne; il décima non-seulement les populations des îles de la Sonde, mais celles des Philippines et du reste de la Malaisie, jusqu'aux extrémités orientales de l'archipel des Moluques. Après avoir moissonné les îles de Ceylan, de Maurice, de Bourbon, de Madagascar et de Zanzibar, il envahit l'Arabie et pénétra en Perse, en Syrie et en Égypte. De la Perse il s'étendit en Russie, et parcourut dans toute son étendue cet immense empire. De Moscou et de Saint-Pétersbourg, il se propagea avec une effrayante rapidité jusqu'aux armées entre lesquelles devait se décider le sort de la belliqueuse et malheureuse Pologne. De là il s'étendit en Hongrie, en Autriche, en Bohême, en Prusse, dans le reste de l'Allemagne, en Angleterre et en France; enfin, franchissant l'Atlantique, il s'élança comme un vautour affamé sur le nouveau monde, et, ayant repris son vol vers l'Occident, il désole aujourd'hui l'Espagne et Alger. Quant à Java et aux îles voisines, cet inexplicable fléau semble les avoir abandonnées, sauf quelques cas isolés qui se présentent encore de temps en temps, mais qui n'ont plus rien du caractère de l'épidémie de 1819 et de 1822. Du reste, dans les Grandes-Indes orientales, comme dans ces contrées, cette maladie nous a paru, à nous, peu redoutable pour les Européens amis de la tempérance. Pour résumer enfin cette dissertation physico-médicale, j'ajouterai que le soin d'éviter toute espèce d'excès, l'habitude d'une grande propreté, sont les moyens hygiéniques que je recommande avec le plus d'instance aux Européens nouvellement débarqués dans ce pays. Le choix d'un logement dans un quartier salubre est aussi essentiel, et je vous certifie qu'avec ces précautions vous vous garantirez non-seulement du choléra, mais aussi des autres maladies ordinaires à toutes les contrées intertropicales, et plus particulières à Batavia.

— Je vous remercie, répondis-je au docteur, de vos nouvelles indications et surtout de vos conseils, que je tâcherai de suivre scrupuleusement. Cependant, ajoutai-je, il me semble avoir remarqué près de la nouvelle ville encore beaucoup d'eaux stagnantes et de marais, dont les émanations me sembleraient être un danger pour ces nouveaux quartiers dont vous vantez la salubrité?

— Ces marais ne sont pas sans inconvénients, sans doute; mais d'une part leur action malfaisante est atténuée par la végétation luxuriante qui les entoure et les couvre en partie; d'un autre côté, les exhalaisons de ces marais, qui ne contiennent que de l'eau douce, sont beaucoup moins pernicieuses que celles des marais d'eau salée qui se répandent sur l'ancienne ville et sur la rade. La science explique ce phénomène; mais je vous ferai grâce de ses explications, pour ne vous parler que de l'expérience qui a démontré que les fièvres dans l'ancienne ville et sur les vaisseaux mouillant tout près de la côte, portent un caractère beaucoup plus grave et dénoncent une disposition plus forte aux symptômes typhiques, que celles qui se déclarent dans la ville neuve et aux environs. Nous voyons tous les jours des preuves de ce fait dans le grand hôpital militaire de Weltevreden. Il y a continuellement entre nos mains un grand nombre de malades atteints de fièvres endémiques. La plupart appartiennent à la garnison casernée à Weltevreden; mais il est remarquable que peu de ces malades succombent. Leurs fièvres n'ont, en général, que les symptômes de la fièvre intermittente tierce ou quotidienne; elles vont rarement jusqu'à la fièvre nerveuse ou au typhus complet. Ce même hopital offre de tristes et nombreux exemples de marins qui continuent d'être victimes de l'insalubrité de la rade et de l'ancienne ville; et tout en étant convaincu de la coopération d'autres causes importantes, je pense qu'une grande partie du mal est imputable aux marais d'eau salée. »

CHAPITRE II

Le docteur Weelkaer. — La Société des arts et des sciences de Batavia. — Effets de la transformation de Batavia. — Aspect de la ville nouvelle vue d'une hauteur qui la domine. — Aperçu du règne végétal aux environs de Batavia. — L'île de Java. — Son importance. — Sa position géographique. — Sa population. — Système orographique. — Principales montagnes. — Productions minéralogiques. — Volcans. — Climat. — Température. — Moussons : l'une sèche, l'autre humide. — Règne végétal. — Règne animal. — Règne minéral.

Le docteur dont j'ai rapporté la conversation dans le chapitre précédent se nommait M. Weelkaer. Je commençai dès lors avec lui une liaison qui s'est continuée pendant bien des années, et qui n'a pris fin qu'à la mort de cet homme estimable, arrivée l'année qui précéda mon retour en Europe. Le docteur Weelkaer était membre de la Société des arts et des sciences de Batavia, société qui est la première de ce genre établie par les Européens en Orient, et qui jouit d'une juste célébrité dans le monde savant. Il me fit faire la connaissance de plusieurs de ses collègues, et c'est grâce à leur obligeance et à celle du docteur que j'ai pu me procurer un grand nombre de notions curieuses et intéressantes sur tout ce qui concerne les possessions néerlandaises dans cette partie du monde.

J'avais fait, presque toujours seul, dans l'intérieur de Batavia les promenades dont j'ai parlé. Mais quand j'eus fait la connaissance du docteur Weelkaer, il m'accompagna souvent dans des excursions aux environs de la ville, par suite desquelles je l'envisageai sous un autre aspect qu'elle ne m'avait paru au premier coup d'œil. Il m'initia en même temps à la splendide flore de ce pays, qui n'est toutefois qu'un échantillon incomplet de la riche végétation de Java. Voici le résumé des notes que je pris à la suite de ces excursions.

La ville de Batavia, comme nous l'avons dit dans le chapitre précédent, n'est plus ce qu'elle était il y a un demi-siècle. Jadis une forteresse, elle n'est actuellement qu'un système de villas formant avec un autre système de kampongs (1) un ensemble très-étendu. La ville ancienne, que des démolitions continuelles transforment de jour en jour en rase campagne, ne jouit plus que d'une vie languissante qui serait depuis longtemps éteinte sans le voisinage de la rade. Les endroits qui servaient jadis de résidences aux gouverneurs ne sont aujourd'hui que des ruines, couvertes d'herbes et de broussailles; les nombreux blocs de maisons, habitées autrefois par une population abondante, ont disparu ou ont fait place à des déserts où perce çà et là un toit qui s'écroule; les parcs ou kampongs de cette partie, jadis la retraite des classes opulentes, sont changés en taillis et en marais, et il n'y en a que très-peu qui, occupés par quelque Chinois ou créole, aient échappé à la ruine générale.

Quant à la ville nouvelle, si d'un terrain élevé vous portez à votre insu les yeux sur son enceinte, vous ne vous doutez guère que c'est la capitale des Indes néerlandaises qui s'étend à vos pieds. On ne voit point ces groupes serrés de hautes maisons qui constituent ordinairement une

(1) Bourgades entourées d'arbres et ressemblant à un parc.

ville; on ne voit point ces tourbillons de fumée qui s'échappent des mille cheminées des fabriques bruyantes; point de dômes ni de tours. On n'entend pas ce bruit assourdissant et perpétuel qui sort du fond des rues, rien enfin de ce qui pourrait vous déceler le voisinage d'une capitale. Figurez-vous un jardin de quelques kilomètres d'étendue; imaginez-vous qu'il est couvert d'un réseau d'arbres plus ou moins élevés; que ce réseau est composé de larges mailles, formées par les vastes places, les cimetières, les jardins potagers et les sawahs (1); et vous aurez un plan fidèle de la Batavia d'aujourd'hui. Mais où trouver les bâtiments? Ils sont placés au milieu des arbres, et, loin de s'élever au-dessus d'eux, ils se cachent plutôt dans leur feuillage. Il n'y a que peu d'édifices publics qui fassent exception à cette règle générale.

Aussi eût-il été contraire au but que se proposaient les habitants modernes de Batavia, de construire des maisons de ville, aux façades hautes et superbes. Le goût oriental ne se fût-il même pas opposé à de telles constructions, l'action souter-

(1) On donne le nom de *sawah* aux rizières qu'on peut inonder artificiellement.

raine d'un sol volcanique aurait, certes, seule empêché de cumuler les étages, dans la crainte d'augmenter encore le danger des tremblements de terre. Voilà pourquoi la ville de Batavia, la ville moderne bien entendu, se présente si modestement à vos yeux, ce qui n'empêche pas qu'elle ne soit plus belle et plus ravissante que dans les temps passés. Voilà pourquoi, au lieu d'un système de toits grisâtres, vous voyez un vaste et magnifique parc se dérouler à vos pieds.

J'ai déjà esquissé les principaux quartiers de la ville. Au risque de tomber dans des redites, je ne saurais m'empêcher d'appeler l'attention de mes lecteurs sur cette variété de scènes pittoresques que présentent la ville et ses environs. Il y a quelque chose d'éminemment caractéristique dans l'enlacement des quartiers européens, chinois et indigènes.

Quel charme offrent à la vue ces habitations indigènes, simples cabanes de bambou, ombragées par les figuiers et les tamariniers, que les Malais bouddhistes vénèrent comme leurs vaches saintes et chérissent comme les kalapas (cocotiers) aux cimes étoilées!

Quel aspect pittoresque se présente à vos yeux,

si, un peu au delà des limites de la ville, vous plongez vos regards dans les rizières verdoyantes qui, vous entourant de tous côtés, ressemblent à une mer immense, où tantôt les innombrables tombeaux des Chinois, tantôt les villages, ailleurs les maisons de campagne, forment autant d'îlots; le tout couvert et environné de ce que la végétation offre de plus fastueux et de plus splendide, le tout charmant par la variété des formes et les différentes nuances de verdure! Le règne végétal, en effet, offre ici un aspect vraiment grandiose et imposant. Et tout d'abord se présentent les palmiers majestueux, illustres parmi tous les végétaux, et bienfaiteurs de la population indigène. Comme s'ils étaient pénétrés du sentiment du rang supérieur qu'ils tiennent dans le règne végétal, ils s'élèvent fièrement au-dessus des plantes environnantes, et leurs troncs restent entiers jusqu'à ce qu'ils soient parvenus au niveau des sommets des arbres voisins; alors ils envoient de tous côtés leurs rameaux splendides comme pour annoncer aux environs la présence de ces arbres bienfaisants qui produisent le pain, le lait et le vin (1).

(1) L'arbre à pain, le cocotier et d'autres espèces de palmiers fournissent une substance dont on fait du pain, une liqueur douce

C'est donc à juste titre que deux de leurs genres portent, en botanique, le nom de Phénix et de Coryphée, et que la dénomination de *princes* a été choisie pour désigner les palmiers comme les princes du règne végétal.

Quatre variétés de palmiers, connues sous les noms de kalapa, de gebang, d'aren et de pinang, sont surtout cultivées à Batavia, et l'on trouverait à peine un arpent de terre où ces plantes magnifiques ne s'offrent pas aux regards. On ne saurait se faire une idée de la vive impression que j'éprouvai, lorsque pour la première fois je contemplai la splendeur de la végétation tropicale dans les environs de Batavia. L'aspect seul des palmiers me frappa tout d'abord sur ce sol où la nature ne cesse jamais de produire tout ensemble des fleurs et des fruits.

Aussi communément que les palmiers, on rencontre ici dans les kampongs et les jardins, les musacées, les beaux bananiers ou pisangs avec leurs feuilles gigantesques et leurs fortes grappes de fruits. D'une taille moins haute que les palmiers, ils se plaisent dans leur voisinage comme

comme du lait, et qui, par la fermentation, devient une espèce de vin connu sous le nom de vin de palmier.

pour participer à leur gloire, ou pour ombrager de leur feuillage magnifique et gigantesque les troncs sveltes et nus de ces arbres.

Les palmiers et musacées constituent les plantes les plus caractéristiques de Batavia. Mais il s'en faut de beaucoup qu'ils soient les seuls. Partout on aperçoit des groupes charmants de sveltes bambous, dont les tiges réunies en faisceaux près du sol se développent, se dégagent peu à peu et se terminent enfin en cimes d'un épais feuillage. Partout où l'œil perce, il découvre le solatri (*calophyllum sulatri*), le tamarinier, le canari (*canarium commune*), le waringin, le waroe (*hibiscus tilianus*), le djatti wolanda et tjammara (*casnarina equisetifolia*). Ils sont plantés sur les bords des chemins et des quais, tant dans la ville ancienne que dans la ville moderne. Ce sont le djatti wolanda (*guazanca tomentosa*) et le pohom assem (*tamarindus indica*), qu'on y trouve en si grand nombre qu'un double ou triple rang de ces arbres forme une enceinte autour des deux grandes places de Waterloo et de Konings-Plein. Les waringins, les canaris et les tamariniers abondent aussi dans les terres et les jardins des Européens; ils ombragent, dans les kampongs, les habitations modestes des indigènes conjointement avec beaucoup d'arbres d'une utilité générale. Partout on contemple leurs formes, qui enchantent l'œil. C'est ainsi que le waringin (*ficus benjamina*) charme nos yeux par l'élégance de sa ramification et de son feuillage; le tamarinier, par sa cime étendue et ses feuilles finement pinnatifides; le canari, par son tronc gigantesque et sa couronne vert foncé; le kapok (*eriodendron anfractuosum*), par ses rameaux qui, sortant du tronc, forment avec lui un angle droit, et qui, malgré cette direction horizontale, ne jettent que peu d'ombre; le docrian (*durio zibethinus*), par sa hauteur imposante et ses fruits énormes; le karet (*ficus elastica*), par son tronc court et ses rameaux pendants, largement étendus. Les arbres de taille moins élevée ne manquent pas non plus d'élégance. Les orangers et les citronniers, les djerokh des indigènes, le mangonstan (*garcinia mangostana*), le nangha-wolanda (*anona muricata*) et le boewah-nona (*anona squamosa*), s'ils n'attirent point l'œil par l'élégance de leurs formes, nous charment du moins par la splendeur de leurs fruits. On les rencontre partout dans les kampongs accompagnés d'une variété surprenante d'arbres et d'arbrisseaux disparates, mais dont l'abondance même nous empêche de les nommer ici spécialement. D'ailleurs c'est assez nous occuper, pour le moment, de Batavia en particulier; il est temps de jeter un coup d'œil sur l'île de Java elle-même, et dans les quelques mots que nous dirons de ses productions, nous compléterons ce que nous avons pu omettre sous ce rapport en parlant de la capitale et de ses environs.

L'île de Java est séparée de celle de Sumatra par le célèbre détroit de *la Sonde*, ou plutôt de *Sounda*. Le navigateur qui, en venant de l'océan Indien, a ses deux îles à gauche et à droite, voit bientôt devant lui la grande terre de Bornéo; de là cette dénomination commune d'îles de la Sonde ou de Sounda, donnée à ces trois contrées, dénomination insignifiante et contestée par quelques géographes à l'égard de Bornéo, mais sur laquelle il est inutile de chicaner. Le nom de *Sounda* paraît venir du sanscrit *sindu*, mer, fleuve, grande eau, et rappelle le *sund* des Danois et le *sound* des Anglais.

L'île de Java, jadis siége d'un grand et florissant empire indigène, centre de la puissance hollandaise dans les mers d'Orient, domine, par sa position, les principales entrées des mers qui baignent l'Asie orientale. En grandeur elle n'égale ni Bornéo, ni même Sumatra, car elle ne s'étend en longueur de l'ouest à l'est que l'espace de neuf cent quatre-vingts kilomètres; sa largeur varie de cent vingt à deux cents kilomètres, et sa superficie peut être évaluée à vingt-deux mille huit cents kilomètres géographiques carrés. Sa population (1) est cependant plus considérable et ses habitants plus industrieux, surtout pour ce qui concerne le commerce, les arts et l'agriculture, ce qui lui assure incontestablement le premier rang dans la Malaisie. Le nom de Java ou Djava est malais, et signifie selon les uns une grande île, selon les autres une espèce d'orge, *javoua*, qui y croît en abondance.

(1) D'après le baron P. Melvill de Carnbee, la population de Java et des petites îles environnantes s'élevait, en 1845, à neuf millions cinq cent soixante mille trois cent quatre-vingts habitants, et pour Java séparément, à neuf millions deux cent trente-cinq mille trente-trois. Dans ce dernier nombre la population indigène est comptée pour neuf millions quatre-vingt-treize mille sept cent six; le reste se compose d'Européens, de Chinois, d'Arabes, Boughis, etc., et seulement cinq mille cent onze esclaves. « On peut ajouter en toute confiance, dit M. Melvill, qu'aujourd'hui (1848) le véritable chiffre de la population de Java dépasse dix millions. » (*Moniteur des Indes orientales*, t. II.)

Java est traversée dans sa longueur par une suite de trois chaînes formant trente-huit montagnes bien distinctes et fort élevées, où l'on compte plus de quinze volcans éteints ou en ignition. Les premières hautes montagnes commencent au sud de Batavia; elles portent le nom de Pangerangon ou les Montagnes bleues; c'est entre la province de Tcheribon et celle de Sourakarta que s'accumulent les plus hautes montagnes : le Gounong-Karang, le Tourenterga, le Tagal et le Keddo; plus à l'est, les Deux-Frères ou Soudara-Soudara, les monts Louvon, Domong, Djapan, le Merbabou, le Sindoro, le Gounong-Prahou et le Soumbing, continuent la chaîne jusqu'à la pointe orientale.

Les plus hautes montagnes ne dépassent point trois mille quatre cents mètres; leurs flancs sont escarpés, et leur sommet, presque aussi grand que la base, est ordinairement terminé par un plan horizontal. Ces montagnes présentent au géologue un grand nombre de roches, telles que des amphibolites, beaucoup de quartz, de feldspath et de mica; on y trouve des masses de porphyre, de l'agate, du cristal de roche et du jaspe commun. Comme presque tous les terrains quartzeux, elles sont peu riches en minéraux; elles renferment cependant du soufre, du plomb, de l'étain, du cuivre et même de l'argent; mais la difficulté du terrain et le peu d'abondance du minerai en ont fait abandonner l'exploitation.

VOLCANS.

Les volcans les plus importants de ces montagnes sont : le Salak, presque entièrement composé de basalte, et dont la dernière éruption remonte à 1760. Le Gounong-Gontour ne cessa d'être en éruption de 1800 jusqu'en 1807; il en eut encore une en 1840. Le Kiamis lance continuellement de l'eau chaude et de la boue. Le Galong-Gong eut une terrible éruption en 1822. L'Arjouna, haut de plus de trois mille mètres, rejette continuellement de la fumée. L'Idjen, dans une de ses dernières éruptions, vomit un volume d'eau si prodigieux, que sur une étendue de quatre-vingts kilomètres une grande partie du pays, située entre ce volcan et la mer, fut complétement inondée. Parmi ces volcans, celui dont le cratère est le plus large est le Tankouban-Prahou, c'est-à-dire la barque (*prahac*) renversée, parce que son cratère, qui est situé à sept cents mètres de hauteur, a la forme d'un entonnoir.

CLIMAT.

L'île entière jouit d'un climat salubre, excepté dans quelques expositions de la côte du nord, dont on a fort exagéré l'insalubrité, surtout à l'égard de la capitale, ainsi que nous l'avons dit.

TEMPÉRATURE.

Le thermomètre centigrade s'élève, dans les parties basses, telles que Batavia, Sourabaya et Samarang, jusqu'à cinquante-trois degrés vers trois heures de l'après-midi. Au-dessus de la plaine de Samarang, à trois cents mètres d'élévation, il peut descendre jusqu'à vingt-cinq. Il varie de sept à huit degrés entre le lever ou le coucher du soleil et le milieu du jour. Une telle température rend le séjour de Java un peu contraire à la constitution des habitants de la zone tempérée. Cependant, comme me le disait souvent le docteur Weelkaer, les Européens peuvent, avec certaines précautions hygiéniques, et en évitant avec soin toute espèce d'excès, braver impunément les effets de cette température. Si, malgré ces précautions, ils ont peine à s'acclimater, il y a à cinquante kilomètres dans l'intérieur des collines et des plateaux d'une hauteur considérable, où l'air est sain et frais. Les végétaux d'Europe, et particulièrement les fraises, y croissent en abondance. Les habitants y sont vigoureux; leur teint annonce la santé. C'est là que les médecins envoient les malades ou les Européens qui ont de la difficulté à s'acclimater; les uns y guérissent en peu de temps, et les autres s'y habituent plus facilement au climat des contrées inférieures. Tout l'intérieur de l'île jouit des mêmes avantages. On cite entre autres les environs de Sourakarta, résidence de l'ancien empereur de Java, qui sont renommés par la pureté, la fraîcheur et le parfum de l'air qu'on y respire, sans parler des nombreux ruisseaux qui roulent dans ce pays privilégié une onde limpide et salutaire.

Les Javanais ne connaîtraient pas les vicissitudes des saisons, si des vents périodiques ne divisaient l'année en deux parties appelées moussons. Chaque mousson dure six mois : l'une est sèche, et ne donne à la terre que l'eau indispensable aux plantes; l'autre est humide, et fournit des pluies qui tombent par torrents, surtout dans les pays montagneux. Les mois de décembre et de janvier sont les plus humides; les mois de juillet et d'août, les plus secs. Durant cette dernière saison, les nuits sont plus chaudes que les jours. Dans les montagnes, on passe rarement une journée sans orage, et dès que le bruit de la foudre se fait entendre, on sent la terre trembler sous ses pas; les éclairs embrasent l'atmosphère comme des nuages de feu, et leur lumière est tellement vive qu'on est contraint de fermer les yeux. Quand la pluie tombe, ce n'est pas en brouillard, ni en grain ou en poussière monotone et constante comme à Paris, ce sont des torrents, des cataractes, un déluge : le ciel semble se fondre en eaux pendant plusieurs jours, et les animaux épouvantés font entendre des cris de terreur. Pendant la mousson sèche, on n'éprouve point la même aridité que dans l'Hindoustan; mais l'atmosphère est souvent rafraîchie par des pluies à verse, qui rendent à la terre toute sa parure. On conçoit que ce mélange d'humidité et de sécheresse doive puissamment contribuer au développement de la végétation. Aussi le delta de l'Égypte n'est pas plus fertile que la plupart des vallées de Java, dont le sol est sans cesse en culture, et non pas, comme celui d'Europe, asservi à quatre saisons.

HISTOIRE NATURELLE.

On trouve à Java les différents degrés de l'échelle végétale, depuis les plantes aquatiques jusqu'aux plantes alpines; la profusion des végétaux étonne à chaque pas, depuis les côtes sablonneuses jusqu'au fond du cratère des volcans.

RÈGNE VÉGÉTAL.

On compte plus de cent variétés de riz, qui ont presque toutes des noms différents. Les plantes les plus utiles qui croissent dans l'île sont celles dont nous avons déjà fait mention en parlant de Batavia : le maïs (*zea mahis*), les fèves ou kachang, le chili (*capsilum*), la canne à sucre, l'arbre à savon ou rarak (*sapindus saponaria*), le *gambir*, le coton, le bendoud, arbrisseau d'où découle le caoutchouc ou gomme élastique, le ramboutan, le jock, le grenadier, l'ananas, l'arbre du benjoin, le glougo, l'agave, le manioc, le kantang, le pamplemousse, le copal, le kavari, le tek, le kijatil, qui fournit un excellent bois de charpente ; la cochenille, la vanille, le pastel, le datura, le bolanza, l'arbre qui produit l'eugénia ou pomme de rose, le cacao, le magucy, espèce d'artichaut, le manguier, le poivrier, le muscadier, le kabah, qui fournit une huile balsamique; le sourennapi, qui sert à faire de jolis meubles; l'arum (*senté*), le cassan, la patate douce, l'igname, le sagou, le caficr, le giroflier, le ricin, la calebasse, le tabac, le melon, le raisin, l'indigo, etc. etc. On y trouve aussi plusieurs espèces d'arbres de construction, de charronnage, de menuiscrie, d'ébénisterie. Les fougères, qui ne sont en Europe que des plantes herbacées, atteignent dans l'île de Java la hauteur de vingt-sept mètres ; rien n'est plus pittoresque qu'un bocage de fougères en arbres. Enfin, quelques espèces de mousses s'y élèvent à la hauteur d'un pied.

Cette île importante renferme plusieurs plantes vénéneuses, entre autres l'*arbor toxicaria* de Rumph, et le *tchettik*, plante rampante dont la fructification n'est pas encore connue. Le suc vénéneux de ces plantes sert à empoisonner des flèches très-minces de bambou, qu'on lance avec des sarbacanes.

RÈGNE ANIMAL.

Le chameau, l'âne et l'éléphant existent à Java, mais non dans l'état sauvage. Les chevaux, qu'on croit avoir été amenés d'Arabie, y sont devenus petits, mais sans perdre leur force et leur vivacité. Le porc chinois s'y naturalise à merveille; les chèvres, le bœuf et la vache y prospèrent, et d'énormes buffles aident l'agriculteur dans ses utiles travaux. Les moutons, les gazelles, les lièvres et les lapins, le tigre et une espèce de léopard, le chat-tigre, le chacal, le rhinocéros bicorne et unicorne, des cerfs de plusieurs espèces et une grande quantité de singes peuplent ses forêts.

La plupart des oiseaux de basse-cour de l'Europe ont été transportés à Java : les faisans, les jouglis ou grèbes, les pies, les cailles, la poule de Java, les bécassines, les canards, les oies sauvages et l'aigle blanc peuplent les bois et les marais. La famille des perroquets se compose d'une foule d'individus inconnus aux autres contrées de la zone torride. Le kakatoës blanc, dont la tête est ornée d'une aigrette jaune, et le lori rouge y sont assez communs; le magnifique argus mâle, l'émou ou casoar casqué des Moluques, gallinacée gigantesque semblable par sa taille à l'autruche, y sont naturalisés. La fameuse salangane (*hirundo esculenta*), hirondelle dont le nid excite la gourmandise des Chinois, s'y trouve en abondance dans des cavernes situées auprès de la mer, et forme une branche importante de commerce de Java avec la Chine. Le crocodile infeste les rivières. Les forêts renferment des serpents de toute grandeur, et l'*outar-sawa,* pithon-améthyste, nommé faussement *boa,* grande couleuvre des îles de la Sonde, espèce qui a plus de dix mètres de long, ainsi qu'une vipère verte fort dangereuse.

Du temps de Valentyn (naturaliste et géographe qui a publié de curieux détails sur Java vers la fin du dernier siècle), on comptait cinq cent trente-huit espèces de poissons dans les rivières et sur les côtes de l'île. Cette liste a été considérablement augmentée depuis.

On y voit des lézards, des caméléons, l'iguane et le jekko, qui tire son nom du cri qu'il fait entendre. Les insectes fourmillent, mais ils sont moins dangereux qu'on ne le suppose.

RÈGNE MINÉRAL.

Les productions minérales sont rares à Java,

ainsi que nous l'avons déjà fait observer; plusieurs naturalistes pensent cependant que l'étain, le fer, le cuivre, le marbre et même l'or y existent. Les indigènes travaillent fort bien l'étain, le cuivre et le fer étrangers, parce qu'aucun métal n'est exploité dans cette grande île, sauf le soufre et le sel, qui y forment un grand objet de commerce.

Je n'ai pas eu le dessein, comme on a pu le voir, de m'étendre sur l'histoire naturelle de Java; un livre plus volumineux que celui-ci n'y suffirait pas. Je n'ai voulu qu'indiquer la nomenclature sommaire de ses productions dans les trois règnes de la nature, me réservant, quand l'occasion s'en présentera, de revenir sur les principaux articles de richesses naturelles de cette contrée.

CHAPITRE III

Ethnographie. — Les Malais. — Origine commune. — Variété de races. — Leur conformation. — Habillement. — Les Javans ou Javanais. — Leur caractère; leurs habitudes. — Étrangers établis à Java. — Religion. — Superstition. — Calendrier. — Industrie des Javanais. — Usages. — Habitations. — Jeux et amusements. — Combats de coqs, de taureaux, de tigres et de buffles. — Le rampok.

Mais c'est assez nous occuper de plantes et d'animaux. Un sujet plus intéressant réclame notre attention; je veux parler de la race ou plutôt des races d'hommes qui occupent ces contrées lointaines. Avant d'aborder ce sujet, commençons par reconnaître ce grand principe d'anthropologie et d'ethnographie consacré aujourd'hui par la science, d'accord avec les traditions de nos livres sacrés : que l'espèce humaine est une, et que, quelles que soient les variétés qui se rencontrent dans les races diverses, soit pour la couleur de la peau, les traits de la physionomie, la taille et même la conformation, toutes ont la même origine, toutes descendent d'une souche commune, et que, par conséquent, tous les hommes sont frères; qu'enfin ces différences, en apparence si tranchées, et qui aux yeux d'un observateur superficiel paraissaient annoncer des espèces différentes, proviennent d'influences secondaires, purement accidentelles et dépendantes des climats, de l'isolement, des habitudes, de la nourriture, du degré de civilisation, et d'une foule d'autres causes qu'il serait trop long d'énumérer. Il est donc bien entendu que quand je parlerai de peuples indigènes, aborigènes ou autochthones de tel ou tel pays, cela ne voudra pas dire que ces peuples soient primitivement originaires de ces contrées, mais simplement qu'ils y sont établis depuis un temps immémorial, qui échappe à l'histoire ou à la tradition.

Ces principes posés, j'arrive à mon sujet.

Les Javanais appartiennent à la grande race malaise, qui a donné son nom à l'une des quatre grandes divisions de l'Océanie. Le savant Marsden place leur berceau dans le ci-devant empire de Ménang-Kabou; M. Rienzi les croit originaires de la côte occidentale de la grande île de Bornéo. Quoi qu'il en soit de ces opinions que nous ne discuterons pas, ces peuples, depuis longtemps marins et commerçants, conquirent la péninsule de Malaca, à laquelle ils ont donné leur nom, et ils colonisèrent vraisemblablement les côtes orientales de l'île de Madagascar et de l'île Formose. La plupart des États maritimes de Sumatra, Java, une partie de Bornéo, des Moluques et des Nicobars, Pinang, Néas, Singhapor, Linging, Bintang, toutes les petites îles de l'archipel de la Sonde, etc., sont habités par cette race.

En général, les Malais semblent tenir des Hindous et des Chinois; mais leur peau se rapproche du rouge de brique foncé des Illinois et des Caraïbes, et quelquefois du blanc ou du noir, grâce au mélange des peuples. A Timor, on en voit de rouges foncés et d'autres tannés; à Bornéo, ils ont le teint plus clair; à Ternate, ils sont très-basanés et tirant sur le bistre; à Java, ils ont le teint jaune. Les plus laids sont ceux de Linging, les plus beaux ceux de Maindanao, les plus braves ceux de Palembang. La grosseur de la tête des Malais est moindre que le septième de la hauteur; leur nez est court, gros et quelquefois épaté; leur bouche est très-large, même chez les femmes. Les Européens trouvent ces bouches monstrueuses, car la beauté est relative; les Chinois prétendent que nous avons des *yeux de bœuf*, et les yeux obliques et bridés des Chinois nous paraissent hideux. Ce que je puis assurer de la grande bouche des Malais, c'est que, si ce qui est utile est beau, leurs bouches sont fort belles. Je m'explique : l'air étant bien plus dilaté sous la zone torride que sous la zone tempérée, il est nécessaire que l'organe de la respiration soit plus étendu. Les Européens, à la bouche étroite, sont presque suffoqués dans la Malaisie, à la moindre indisposition. Si la nature daignait répondre à tous nos *pourquoi*, nos systèmes sur le beau, le bon, le bien, l'utile et l'agréable, seraient souvent renversés (1).

Les Malais ont la taille bien faite; leur stature est moyenne et carrée, et ils ont peu d'embonpoint; leurs pieds, quoiqu'ils marchent sans chaussure, sont très-petits. Le sagou, le riz, les épiceries et les poissons sont leur nourriture ordinaire.

(1) M. Domeny de Rienzi, *Océanie*, t. Ier.

Les uns mâchent le bétel, mêlé avec la chaux vive, la noix d'arec et le tabac (ce mélange est nommé *sri* à Java); les autres le gambir, substance fort astringente, extraite des feuilles du *nauclea gambir*, plante sarmenteuse; cette substance leur rend le palais, la langue et les dents entièrement noirs, sans altérer leurs gencives. Le bétel et le gambir paraissent très-sains et très-stomachiques, car les Malais ont l'haleine parfumée. Leur vêtement se compose d'un sarong, pièce d'étoffe semblable à un sac sans fond qui entoure leur corps, et d'une veste appelée *kolamby*; leur coiffure est un mouchoir plié d'une manière originale, pour remplacer le turban ordonné par le culte musulman. A Java, l'homme noble, le *orang-kaya*, y ajoute le manteau et quelquefois un bonnet appelé *koulouk*. Les prêtres seulement y sont habillés de blanc, et portent une espèce de turban. Quoique un bon nombre de Malais soient musulmans, je n'en ai vu aucun qui rase entièrement ses cheveux. Ils sont, en général, marins, quelquefois pirates, artisans industrieux, adroits commerçants; orgueilleux et jaloux, libertins et perfides, mais braves et indépendants, hors des villes on les voit presque toujours armés du kriss, espèce de poignard dont la pointe est souvent empoisonnée avec la résine du terrible oupas.

Les Javanais proprement dits, ou *Bhoumi*, forment avec les habitants de Bali, île voisine de Java, une variété distincte de la race malaise; ils paraissent issus des Bornéens et des Hindous; ils sont, en général, de petite taille et d'un teint jaunâtre ou tanné; il reste encore, seulement dans les cantons de l'intérieur, quelques noirs, dont la race se rencontre aussi dans un grand nombre d'îles de la Malaisie.

Les Javans ou Javanais passent pour être inférieurs aux autres Malais, c'est-à-dire qu'ils n'ont peut-être pas autant de force physique, d'énergie morale et de courage; mais ils n'en ont pas non plus les défauts. Ils sont doux et paisibles; le domestique est docile et zélé; le maître commande avec égard et bonté. L'hospitalité est une vertu commune parmi les Javanais : on est assuré de trouver chez eux un asile et de la nourriture au moins pour vingt-quatre heures. Les liens de famille sont puissants parmi eux, et ce peuple, quoique musulman, est très-tolérant en matière de religion. Le vol et la piraterie comptent un grand nombre de partisans dans les classes inférieures;

mais les gens aisés du pays sont honnêtes et fidèles, et, de plus, fort attachés aux lieux qui les ont vus naître. Un Javan ne quittera que pour un motif indispensable les tombeaux de ses pères; mais il est crédule, superstitieux et pétri de préjugés : croirait-on sérieusement que quelques Javanais instruits prétendent descendre du dieu Vichnou, et que quelques montagnards se disent issus d'un singe de l'espèce des gibbohs, appelé vulgairement wouwou (1)?

Les Maures, ou plutôt les musulmans indiens à qui l'on donne ce nom, les Boughis, les Malais des autres contrées, les descendants des Portugais et les Arabes, forment la liste des étrangers qui habitent Java, non compris les Européens et les Chinois; le nombre de ces derniers, tant à Java que dans les petites îles qui en dépendent, s'élève à plus de trois cent mille. Les Chinois ont un capitaine et plusieurs lieutenants pour chacune de leurs résidences. Ils sont l'âme du commerce de cette île, et dans les provinces indigènes ils sont les fermiers de presque tous les revenus.

Le mahométisme est la religion dominante du

---

(1) M. Domeny de Rienzi, *Océanie*, t. Ier, p. 145.

pays, mais mêlé aux superstitions du bouddhisme qui l'avait précédé et qui y a laissé encore de profondes traces. Les habitants ont la plus grande vénération pour les tombeaux de leurs marabouts ou saints; quelques-uns de ces tombeaux sont de beaux monuments.

Chez les Javanais, la polygamie n'est pratiquée que par les grands. Le divorce est autorisé par la loi et la coutume. Les personnes d'une classe inférieure l'obtiennent pour une somme équivalant à cent francs de notre monnaie, et ceux de la classe supérieure, au prix de deux cent cinquante francs. Les femmes sont laborieuses et entendent bien l'économie domestique.

Les naissances à Java sont célébrées par beaucoup de cérémonies. Le père prend le nom qu'on a donné à son fils, selon une coutume qu'on retrouve dans quelques contrées de l'Hindoustan. Ainsi, si le fils est appelé *Généreux*, le père prend le nom de *père du Généreux*. Les enterrements se font sans ostentation ni cris, mais avec décence et avant le coucher du soleil. Les cimetières sont entourés de kambaja (*plumiera obtusa*), plante dont le feuillage semble inspirer la vénération et la mélancolie.

Les peuples de la Malaisie, et surtout les Javanais, ont adopté successivement diverses religions, sur lesquelles je donnerai quelques détails. Le culte de Chiva (1) et de Dourga, du Lingam (arbre de vie) mêlé au bouddhisme (culte de Bouddha), domine à Java; mais il fut considérablement réformé dès son origine. Les fragments qui nous restent des anciens écrits javanais renferment des détails qui semblent prouver que le culte de Siva était plus en vigueur que celui de Bouddha dans les anciens temps; ce ne fut que dans les siècles modernes que celui de Bouddha obtint la suprématie. L'invocation suivante, qui se trouve en tête d'un petit traité de morale assez ancien, paraît le démontrer. « Je te salue, *Hati*
« (Siva); je t'invoque, parce que tu es le sei-
« gneur des dieux et des hommes. Je t'invoque,
« *Kesawa* (Vichnou) (2), parce que tu éclaires
« l'entendement. Je t'invoque, *Sounan* (Surya ou
« Sourya) (3), parce que tu éclaires le monde. »
En outre, les musulmans javanais d'aujourd'hui

---

(1) Chiva ou Siva, troisième personne de la trimourti hindoue; Dourga, fameuse déesse hindoue, la Pallas-Athéné des Grecs.
(2) Vichnou, deuxième personne de la trimourti hindoue.
(3) Surya, le soleil dans la mythologie hindoue.

ont conservé plusieurs épithètes données par leurs ancêtres à Siva, qui prouvent la prééminence de ce dieu. Il est nommé *Jagat-Nata*, c'est-à-dire le seigneur de l'univers, *Ywang-Wanang* (le Tout-Puissant), *Mahadewa*, le grand dieu. On le rencontre encore dans les romans malais et javanais sous le nom de *gourou* (instructeur), et il en est le principal personnage. On a donné quelquefois, en signe d'apothéose, aux meilleurs rois de Java le surnom de *Batara*, qui ne signifie pas le dieu incarné comme dans l'Hindoustan, mais une divinité.

Aujourd'hui les habitants de Java n'attachent aucune idée distincte au mot Bouddha, et ils considèrent ses sectateurs comme des idolâtres.

C'est de Kalinga ou plutôt Télinga, le seul pays de l'Inde que les Javanais désignent par son véritable nom, qu'ils assurent que leurs ancêtres reçurent leur religion. Cette assertion est confirmée par les brahmanes qui subsistent encore dans l'île de Bali, voisine de Java, où le culte hindou s'est conservé.

Dans leurs superstitions religieuses, les Javanais reconnaissaient plusieurs génies, dont les noms se sont transmis jusque aujourd'hui. Ils croient encore à plusieurs mauvais génies : les uns habitent les grands arbres et errent pendant la nuit; ils sont nommés banaparti. Les kabo-kamali sont les protecteurs des voleurs et des malfaiteurs. Les barkasahan habitent l'air et n'ont jamais de demeure fixe. Viennent ensuite les wiwi, qui ont la forme de grandes femmes et enlèvent les enfants; les prayangan, qui habitent les arbres et le bord des rivières : ils prennent la figure de belles femmes, pour ensorceler les hommes, les rendre fous ou les dévorer. Cette superstition rappelle l'histoire des sirènes d'Homère. Les damnit sont de bons génies à forme humaine, protecteurs des maisons et des villages. Les dadoung-awou sont les patrons des chasseurs et les protecteurs des animaux sauvages des forêts.

Les anciens habitants de Java croyaient, comme les Hindous, à la métempsycose; mais il paraît qu'ils n'imitèrent les austérités et le fanatisme des Hindous que dans les pénitences et le sacrifice des veuves sur le bûcher de leurs maris, coutume qu'ils leur ont empruntée, mais qui a disparu avec l'introduction de l'islamisme.

Quant au reste, ils professent le mahométisme ainsi que la plupart des autres Malais; mais au mépris de la loi du prophète, ils ne se font aucun scrupule de manger des animaux défendus, ni de boire du vin et des liqueurs. Nous reviendrons, en parlant de l'histoire de Java, à l'époque de l'introduction de l'islamisme dans cette île.

QUELQUES USAGES. — LE CALENDRIER.

Les Javans ont puisé leur calendrier dans les traditions de leurs ancêtres et dans les ouvrages des Hindous et des Arabes. Ils n'ont point de mesure exacte pour diviser la journée. Le gnomon et la clepsydre leur sont inconnus. Il paraît que l'échelle quinaire ou des cinq doigts, qui est la base de leur numération, a fourni les moyens de diviser la journée en matin, avant-midi, après-midi, déclin du soleil, coucher; et la nuit en soir, nuit, minuit, déclin de la nuit et lever de l'aurore. Chaque partie de cette division diurne est désignée par un nom particulier. Le jour civil commence au lever du soleil. Dans les opérations astrologiques, le jour de vingt-quatre heures se divise en cinq parties, à chacune desquelles préside une divinité brahminique. Le peuple calcule d'après les désignations suivantes : lorsque le buffle va paître, lorsqu'on le ramène du pâturage, etc.

La semaine ou série de sept jours a été introduite à Java par les Hindous, et renouvelée par les Arabes. Dans les premiers temps, les peuples de cette île la divisaient en cinq jours, comme les Mexicains. Les noms actuels de la semaine hebdomadaire sont évidemment sanskrits, savoir : *daïtia*, qui correspond à notre dimanche, *lonia* lundi, *angara* mardi, *boudha* mercredi, *wraspoti* jeudi, *soukra* vendredi, et *sanischara* samedi. Tous ces noms appartiennent à la mythologie hindoue, comme les noms des jours de notre semaine appartiennent à la mythologie gréco-latine, et ont la même signification : ainsi, daïtia, signifie le soleil, lonia ou soma la lune, angara Mars, boudha Mercure, wraspoti ou vrihaspoti Jupiter, soukra Vénus, et sanischara ou sana Saturne. Nous laissons aux érudits à rechercher les causes de ces rapports remarquables.

En étudiant la langue javanaise, on reconnaît que ce peuple avait un calendrier civil et rural avant que le brahminisme se fût établi parmi eux ; ainsi ce peuple avait fait de grands progrès dans la civilisation. Il paraît que l'année civile était primitivement divisée en trente périodes, appelées *woukou*, dont chacune avait un nom distinct; ces noms sont véritablement aborigènes.

Le calendrier rural est de trois cent soixante jours. Il se divise en douze mois ou douze saisons, d'une longueur inégale, et est terminé par des jours intercalaires. Ce calendrier est évidemment d'origine javanaise; car il s'adapte exclusivement à l'agriculture de Java. Ce sont les prêtres qui l'annoncent au peuple.

L'année civile brahminique, ou de Saka ou de Salivana, servit à calculer l'ère de Java, qui correspond à l'an 76 avant Jésus-Christ. Cette année est lunaire; les prêtres ont soin de calculer les jours intercalaires. Elle subsista encore cent cinquante-cinq ans après l'introduction de l'islamisme. L'ère de l'hégire lui a été substituée sous le règne d'Agoung (le grand sultan), en 1633 de l'ère chrétienne. Les noms des mois portent ceux des douze signes du zodiaque, en langue sanskrite. Ces noms sont les mêmes que les nôtres, moins le nom des gémeaux, qui a été remplacé par le papillon. Il est curieux de retrouver en Océanie le zodiaque de l'Asie centrale, que l'Égypte et l'Europe ont également adopté.

Quelques branches d'industrie sont cultivées avec succès à Java. Ainsi les Javanais excellent dans la tannerie et la préparation des peaux. L'or et l'argent sont travaillés avec autant d'art qu'à Sumatra ou aux Philippines. Le sel est un objet important de fabrication, et fait une des bases de leur commerce. Ils font du papier avec les filaments de l'écorce du glongo (*morus papyrifera*). Ils excellent aussi dans l'art de tisser et de teindre les étoffes. Ce sont ordinairement les femmes qui fabriquent les étoffes de coton; elles séparent la graine au moyen de deux petits rouleaux de bois dont les circonférences se touchent; ensuite elles le cardent, le filent et le tissent.

Le pikle de coton en laine (à peu près soixante-huit kilogrammes) se vend onze piastres (environ cinquante-sept francs); et, lorsqu'il est filé, il vaut vingt-quatre piastres (environ cent vingt-cinq francs).

Quant à la teinture, le vin de l'aren (*borassus gomutus*) leur donne l'indigo; l'écorce du mangoustan (*gareinia mangostana*), le noir, et le tegrang, la couleur jaune. Ils tirent l'écarlate de la racine du wong-koudou (*morinda ombellata*), et avec ces couleurs, qu'ils savent bien combiner, ils teignent des étoffes dont la régularité et la solidité étonnent les Européens.

A ces exceptions près, tous les Javanais se contentent de cultiver leurs champs; le reste du temps se passe à fumer l'opium ou à mâcher le siri, ou bien à goûter les utiles plaisirs de la pêche. Les femmes, laborieuses et économes, filent du coton et fabriquent de la toile destinée à habiller la famille; il est vrai que dans ces climats brûlants on ne s'habille que par décence. Nous avons parlé déjà de l'habillement des hommes. Les femmes, pendant qu'elles sont fiancées et le jour de leurs noces, se couvrent de vêtements riches et gracieux; mais elles ne portent ordinairement de plus que leurs maris qu'une petite camisole de toile bleue qui leur cache les épaules et la poitrine. Les enfants restent nus jusqu'à l'âge de sept ans.

Ils construisent leurs maisons en bambou, et les couvrent avec des feuilles de palmier ou avec du chaume. Ces maisons sont ordinairement partagées en deux parties : la première où se fait la cuisine et le ménage, et la seconde où se retire la famille pour se coucher. La négligence avec laquelle ils traitent le feu les expose souvent à voir leurs habitations devenir la proie des flammes;

mais dès qu'un Javanais a sauvé le coffre de bois qui renferme tout son avoir, il voit tranquillement brûler la maison qui lui coûte si peu à construire. Les chefs font quelquefois bâtir des habitations en pierres ou en briques, mais sur le même modèle que celles du pays; les fenêtres en sont petites, le toit est bas, on y étouffe : aussi demeurent-ils pendant le jour sous des espèces de galeries isolées, où l'air circule aisément et où le soleil ne saurait pénétrer.

Les combats de porcs, de cailles, de grillons, etc., sont très en usage à Java parmi les personnes qui ne sont pas d'une classe élevée. Ils jouent aussi au cerf-volant comme les enfants en France.

Les combats de coqs sont plus distingués. Le coq est l'animal favori des insulaires de la Malaisie. Les chansons des Boughis et surtout les poésies des Javans célèbrent souvent les combats de coqs. La race la plus estimée provient de Célèbes et de Bornéo. A Java, on les fait combattre sans éperon, comme le font les mahométans de l'Hindoustan; à Célèbes, on leur attache un éperon artificiel de la forme d'une petite faucille, moins meurtrier que les éperons dont on se sert en Angleterre.

Les combats de taureaux sont communs à Madura, résidence de Socrabaya, ainsi que dans l'est de Java. On n'emploie ni des chiens comme en Angleterre, ni des hommes et des chevaux comme en Espagne; mais on excite des taureaux attirés par une vache dans un cercle immense nommé *aloun-aloun*. Une fois excités, on ramène la vache, et ils se combattent à outrance. Les taureaux les plus estimés sont ceux de Soumanop, qui sont de petite taille, mais braves et vigoureux. Tous ces jeux et quelques autres donnent lieu à des paris considérables.

Le combat chéri des princes et des grands est celui du tigre contre le buffle, supérieur à nos taureaux en taille, en force et en courage, et digne de se mesurer avec ce féroce animal. Pendant mon séjour à Java, j'ai eu plusieurs fois occasion d'être témoin de combats de ce genre, et je puis en donner *de visu* les principaux détails, ce que je ne saurais faire pour les combats de coqs et de taureaux, auxquels je n'ai jamais assisté.

On prépare dans une vaste arène une cage circulaire de gros bambous, qui a environ dix pieds de diamètre et quinze pieds de hauteur; elle est ouverte en dessus et fortement attachée à la terre. On introduit d'abord le buffle et ensuite le tigre. Le buffle est l'assaillant : il pousse avec violence son antagoniste contre les barreaux, et cherche à l'écraser. Le tigre, redoutant la force du buffle, cherche d'abord à l'éviter; puis, se voyant poussé à bout, il saute adroitement à la gorge ou sur la tête de son adversaire, comme le ferait un chat poursuivi par un dogue. On laisse reposer les combattants après cette première attaque. J'ai vu un buffle écraser un tigre au premier effort.

Si le tigre refuse de combattre après ce premier assaut, on l'excite en le piquant avec des bâtons pointus, en l'incommodant par la fumée de la paille, ou en lui jetant de l'eau bouillante. On excite le buffle en lui versant sur la peau une dissolution de piment (*capsicum*), ou en le provoquant avec des orties dont les aiguillons sont tellement brûlants, qu'ils feraient naître une fièvre de rage dans l'homme qui en serait piqué. Cette scène cruelle dure environ une demi-heure. Si l'un des deux athlètes est hors de combat, on introduit d'autres combattants.

Lorsque le tigre a survécu, on le destine à périr par le *rampok*. Voici le régime de ce jeu terrible. Un grand nombre de tigres infestent le voisinage des lieux habités; ils s'y introduisent pour tuer les chevaux et les bestiaux; aussi on met le plus grand soin à exterminer cet animal. Dès qu'on a découvert le repaire d'un tigre, la population mâle des environs est appelée pour lui donner la chasse : chaque homme est armé d'une lance, et un chef est chargé de la direction de la *battue* et de l'attaque. On cerne le repaire par deux ou trois rangs de chasseurs; on éveille le tigre par des cris, par le bruit du gong (espèce de tambour), ou par le feu. On laisse assez de place pour qu'il puisse s'échapper jusqu'à une certaine distance, mais sans rompre les rangs; lorsqu'il veut les forcer, on le tue.

Cette espèce de chasse se nomme rampok, et le souverain en donne quelquefois le spectacle aux habitants de sa capitale, à la suite d'un combat de tigre et de buffle, lorsque le tigre a survécu, ou même seulement avec des tigres pris vivants. Alors on place des cages remplies de tigres au milieu de l'arène; des soldats armés de piques forment un carré fort étendu de quatre rangs d'épaisseur. Deux ou trois hommes prennent les ordres du prince, placent des feuilles sèches et tressées devant la porte de chaque cage, qu'ils lèvent; ils y mettent le feu, et se retirent à pas lents au son de la musique. Aussitôt que le tigre sent le feu, il s'élance et cherche à se faire un passage à travers la fumée qui le repousse. Le féroce animal, attaqué de nouveau, veut s'élancer et périt sous les piques. Quelquefois il se retire au centre du carré; ce qui arrive presque toujours lorsqu'il a déjà combattu un buffle; alors le prince désigne six à huit lanciers qui s'avancent de sang-froid, et ne manquent presque jamais de percer le tigre au premier coup.

L'usage de forcer les criminels à combattre les tigres est aussi ancien que l'empire de Matarem; cependant ce cruel amusement est tombé en désuétude, ou plutôt a été aboli par les traités depuis que les souverains indigènes sont devenus les vassaux du gouvernement hollandais.

On m'a raconté qu'en 1812 deux criminels avaient été exposés à ce supplice par ordre du sultan de Djokjokarta. On donna à chacun d'eux un kriss dont la pointe était émoussée; on ouvrit une cage d'où s'élança un tigre. Le premier de ces malheureux fut bientôt mis en pièces; mais le second combattit pendant environ deux heures, et eut le bonheur de tuer le tigre en le frappant plusieurs fois sur la tête, dans les yeux et sous les oreilles. Le concours du peuple à cet horrible spectacle était immense. Là, comme chez nous dans les temps barbares, le peuple superstitieux crut que le Ciel avait manifesté l'innocence de cet homme; il obtint sa grâce, et même il fut élevé au rang de *mantri*, pour l'indemniser des dangers qu'il avait courus.

CHAPITRE IV

Coup d'œil général sur les possessions néerlandaises dans les Indes orientales. — Leur étendue; leur superficie. — Importance de Java. — Population générale. — Gouvernement. — Division administrative de Java en vingt-deux résidences. — Possessions externes de leurs divisions. — Causes de la prospérité des colonies orientales hollandaises. — Traité de 1824 entre l'Angleterre et les Pays-Bas. — Ses effets à Bornéo et à Célèbes. — Création du gouvernement de Bornéo. — Affranchissement du port de Mangkassar. — Effets que pourra produire à l'avenir cet affranchissement. — Importance et population de Célèbes. — Gouvernement des nations indépendantes de cette île. — Effets du traité de 1824 dans les autres établissements hollandais. — Intérêt de la France à la prospérité des colonies néerlandaises des Indes orientales.

La zone occupée par les possessions néerlandaises aux Indes orientales (ou, si l'on veut, dans la partie de l'Océanie désignée aujourd'hui sous le nom de Malaisie), est comprise entre le quatre-vingt-quinzième et le cent trente-deuxième degré de longitude est du méridien de Paris, le troisième degré nord et le onzième sud de latitude. Elle a donc environ trente-sept degrés de longueur sur une largeur de quatorze. La plus importante de ces possessions, la seule même en ce moment qui pèse notablement dans la balance politique et commerciale du monde, est Java, qui s'étend entre les cent troisième et cent treizième degrés de latitude est et les sixième et neuvième degrés de latitude sud. Java n'est pas tout à fait parallèle à l'équateur; mais les petites îles qui la continuent, pour ainsi dire, depuis Madura, Boli et Lombok jusqu'à Timor, et que l'on doit considérer comme ses dépendances naturelles, affectent sensiblement ce parallélisme. Le système entier de ces îles forme, par le fait, la base de communication entre la mer des Indes et les mers de Java, des Moluques, de Célèbes, et enfin la mer de Chine. Java est en même temps la base et le centre politique de la domination néerlandaise dans tout l'archipel Indien. A sa gauche, Sumatra, cette grande terre que plusieurs savants regardent comme le berceau de la race malaise, ne se range encore qu'avec une sorte de résignation sauvage sous l'autorité de la Hollande. A la droite

Le buffle est l'assaillant ; il pousse le tigre avec violence contre les barreaux de la cage, et cherche à l'écraser.

et au nord de Java, on rencontre l'immense Bornéo, avec ses populations à demi barbares, les Moluques et Célèbes, centre désigné du commerce de cabotage de l'Archipel.

La superficie territoriale des possessions néerlandaises (ou réputées telles) dans cet archipel est estimée à environ quatorze mille myriamètres carrés ; celle de Java et de ses dépendances immédiates comprend un peu plus de la dixième partie de cette superficie totale, c'est-à-dire à peu près le quart de la France.

La population soumise en ce moment à la domination directe ou à la suzeraineté (quelque peu douteuse sur certains points) de la Hollande peut être évaluée à quinze à seize millions, dont dix millions au moins, comme nous l'avons déjà dit, sont concentrés à Java. C'est une des populations les plus compactes, les plus utilement occupées, et, à tout prendre, une des plus heureuses du monde entier. (Il ne faut pas oublier que c'est un Hollandais qui me fournit ces renseignements.)

Les Indes orientales néerlandaises sont gouvernées, au nom du roi des Pays-Bas, et sous sa direction spéciale et suprême, en vertu de l'article 59 de la constitution, par un gouverneur général, assisté d'un conseil des Indes. Le gouverneur général et le conseil des Indes siégent à Batavia. Batavia est donc la capitale de Java et des Indes néerlandaises; mais les villes de Samarang et de Sourabaya, situées, l'une vers le milieu de la côte septentrionale, dans l'est de Batavia, l'autre sur le détroit de Madura, en face de l'île de ce nom, sont également considérées comme chefs-lieux principaux de l'île de Java; elles sont officiellement traitées comme telles, Java étant divisée, depuis 1815, en trois grands arrondissements judiciaires, militaires et financiers, dont Batavia, Samarang et Sourabaya sont les centres respectifs. Autrefois on désignait plus particulièrement comme *le Java* les provinces à l'est de la province de Chéribon, et cette partie de l'île constituait un gouvernement séparé. Le gouverneur *du Java* avait la surveillance immédiate des *pays princiers,* c'est-à-dire des souverainetés, alors indépendantes, de Sourakarta et Djokjokarta; mais depuis que les princes indigènes ont été dépossédés ou ont subi, d'une extrémité de l'île à l'autre, le joug de la vassalité, depuis, en un mot, que les Hollandais, soit directement, soit indirectement, gouvernent l'île entière et ses dépendances immédiates, Java a été divisée en vingt-deux provinces appelées résidences, administrées par un petit nombre d'employés européens et de fonctionnaires indigènes, et partagées en sous-résidences, régences et districts. Voici le nom de ces résidences : Bantam (avec l'île du Prince et quelques petites îles), Batavia (et petites îles), Buitenzoorg, Krawang, régences de Préanger, Chéribon, Tegal, Pékalongan, Samarang, Kadou, Raglan, Banjoumas (îles Kambangan), Sourakarta, Djokjokarta, Patjitan, Madioun, Kediri, Japara (avec les îles de Karimon-Java), Rembang, Sourabaya (avec Madura et les îles Barvéan, Grissé et Kanjéan), Passourouran (avec l'île de Sempou), et Bezouki (avec l'île de Baron).

Les autres possessions néerlandaises, dites possessions externes, sont divisées en vingt résidences, dont trois sont administrées par des fonctionnaires ayant le titre de gouverneurs. Ce sont les îles Moluques (administrées par un gouverneur résidant à Amboine); Banda, Ternate, Ménado, Célèbes (administrées par un gouverneur résidant à Mangkassar); Timor, Riouw, la côte occidentale de Sumatra (administrées par un gouverneur résidant à Padang); Priaman, Ayer-Bangier, les montagnes de Padang, Tappanolie, Benkoulen, les districts des Lampongs, Palembang, Banka, la côte occidentale de Bornéo (résidence Pontianak), la côte occidentale de Bornéo (résidence Sambav), la côte méridionale et orientale de Bornéo (résidence Banjermassing).

Les Hollandais ont aussi formé quelques petits établissements sur les côtes de la Nouvelle-Guinée ou Papouasie; mais ces établissements sont dans la dépendance du gouvernement des Moluques, et n'offrent encore qu'un très-médiocre intérêt.

Pour quiconque cherche à se rendre compte du développement probable de l'influence européenne, de la colonisation et du commerce dans l'extrême Orient, la seule énumération des possessions néerlandaises est une révélation. On y voit figurer quatre des plus grandes îles du monde entier : Bornéo, la première de toutes, Sumatra, Célèbes, Java. Autour de ces reines de l'archipel Indien ou Malais, viennent se grouper d'innombrables îles de dimensions variées, et parmi elles la fameuse île à épices (les Moluques), dont la possession définitive a été achetée par la Hollande au prix de tant de sacrifices et de violences. Formes étranges, surfaces accidentées, sol fertile, ébranlé çà et là par des volcans, productions aussi riches que variées, tels sont les caractères communs à ces divers groupes. Quant aux populations indigènes, elles se distinguent toutes par une physionomie profondément originale, et l'on retrouve chez elles toutes les formes de gouvernement possibles, depuis l'égalité brutale du sauvage jusqu'au despotisme oriental le plus absolu.

La prospérité toujours croissante des Indes néerlandaises tient à des causes fort variées. De tout temps la politique coloniale des puissances européennes a eu à lutter contre deux ordres de difficultés bien distinctes, les unes provenant de la résistance des populations indigènes, les autres, souvent plus graves, créées par la rivalité des intérêts européens. La Hollande a eu à se préoccuper des unes et des autres, et chaque jour elle combat avec succès les premières comme les secondes. Contre les difficultés intérieures, elle a été admirablement servie par la création de la grande société de commerce (*maatschappey*), qui a fait revivre la marine marchande des Pays-Bas, et donné la plus puissante impulsion, d'un côté à l'industrie de la mère patrie, de l'autre à l'exportation coloniale. Le gouvernement de Java a trouvé dans cette société un de ses plus solides appuis. Un autre instrument de la prospérité des Indes néerlandaises a été le *système des cultures*, dont l'application judicieuse a amélioré au delà de toute prévision le sort de ces colonies. Contre les difficultés qu'on pourrait nommer extérieures, et principalement contre les tentatives de la politique anglaise, le gouvernement de Java a pu se défendre par le traité même conclu entre la Grande-Bretagne et la Hollande en 1824. Voyons d'abord sommairement les conséquences et les dernières applications de ce traité, tant à Bornéo qu'à Mangkassar, et dans les autres possessions hollandaises de l'extrême Orient.

Le but du traité signé le 17 mars 1824, entre la Grande-Bretagne et les Pays-Bas, était de régler définitivement les limites territoriales, droits et intérêts respectifs des hautes parties contractantes, dans les Indes orientales, de manière que chaque puissance restât désormais dans le cercle de son action politique : l'une sur le continent asiatique, jusques et y compris Singapour; l'autre, dans l'archipel Indien.

Ces dispositions principales, étayées d'articles explicatifs, avaient paru aux négociateurs suffisamment précises pour écarter à l'avenir toute chance de contact territorial et conséquemment de contestation entre les deux puissances contractantes. L'événement a prouvé, une fois de plus, que la prévoyance humaine avait été en défaut. Cependant la bonne intelligence n'a pas été troublée par les infractions directes ou indirectes, vraies ou supposées, que la Hollande impute à l'Angleterre, de manière à justifier un appel à la force; et l'effet général du traité de 1824 n'en a pas moins été de consolider le pouvoir néerlandais et d'assurer sa prépondérance dans l'archipel Oriental. Deux grandes mesures ont surtout été prises en vue de maintenir et de protéger l'état de choses créé par ce traité. Ces mesures sont : l'établissement du gouvernement de Bornéo, et l'affranchissement du port de Mangkassar, dans l'île de Célèbes.

Dans l'arrêté du gouverneur général des Indes néerlandaises qui a réuni sous un gouvernement particulier les diverses résidences ou sous-résidences de Bornéo, on remarque les motifs suivants :

« Considérant que les tentatives faites jusqu'ici

pour tirer la population indigène de Bornéo de sa situation arriérée n'ont pas abouti au but qu'on s'était proposé, principalement par le défaut d'unité et d'harmonie des liens et rapports qui devraient être maintenus entre les diverses subdivisions de ce pays......;

« Considérant que les connaissances acquises par l'intermédiaire de la commission envoyée dernièrement à Bornéo, sur la situation géographique et politique de cette île, permettent au gouvernement d'en arrêter la division territoriale;

« Le gouverneur général, d'un commun accord avec le conseil des Indes, a décidé la réunion, sous un seul pouvoir administratif, de ces diverses parties de Bornéo. »

Suit l'indication précise des circonscriptions administratives, et l'énumération détaillée des royaumes, provinces, districts, îles, etc., placés dans la dépendance directe ou sous le protectorat du gouvernement néerlandais. Cette liste formidable ne contient pas moins de deux à trois cents noms de pays, montagnes et rivières, dont les deux tiers au moins sont complétement inconnus de nos géographes.

CÉLÈBES.

L'établissement des Hollandais à Mangkassar date d'une époque antérieure à celle de leurs premières tentatives sur Bornéo. L'importance actuelle de leur domination y est aussi plus grande. La population qui subit leur influence est plus condensée, plus homogène, et le génie des peuples soumis, des Boughis en particulier, les porte vers la navigation et le commerce. Il y a longtemps que les publicistes hollandais ont remarqué cette tendance chez les habitants de Célèbes. En effet, ce sont les plus entreprenants de tous les peuples malais, et aussi les plus habiles à se procurer les articles de luxe recherchés en Chine; et comme Mangkassar vient d'être déclaré *port franc*, il pourrait arriver, dans un avenir prochain, qu'il supplantât Singapour comme entrepôt commercial entre les Indes et la Chine.

On évalue généralement la population de Célèbes et de ses dépendances immédiates à trois millions d'âmes; mais ce chiffre est probablement exagéré, et, pour se rapprocher de la vérité, il faut le réduire à deux millions. La péninsule méridionale à l'extrémité de laquelle est bâti Mangkassar est la plus peuplée. Ce fait est attribué à la salubrité de cette partie de l'île. Plusieurs nations indépendantes habitent Célèbes, et il paraît que leurs gouvernements ont des formes plus régulières que ne le ferait supposer l'état peu avancé de la civilisation dans ces pays. Les chefs sont appelés au pouvoir par l'élection. Quelques-uns gouvernent par droit héréditaire, mais avec le concours des chefs inférieurs, lesquels sont les représentants des intérêts généraux du pays, et imposent certaines limites à l'autorité du souverain. C'est, on le voit, une espèce de régime constitutionnel. La forme de gouvernement la plus usitée toutefois est un mélange du principe fédéral et républicain avec le principe monarchique et électif. Les princes indigènes reconnaissent jusqu'à un certain point l'autorité des Hollandais, qui ont toujours eu un pied dans l'île de Célèbes depuis qu'ils en ont expulsé les Portugais, en 1660.

Telles ont été les conséquences du traité de 1824 à Bornéo et à Célèbes. Malgré les critiques de détail auxquelles ce traité donne prise, malgré les armes qu'a su y trouver l'ambition anglaise, on ne peut méconnaître qu'il a fortifié la position de la Hollande à Bornéo comme à Célèbes. Les autres établissements hollandais, soit à l'orient, soit à l'occident de Java, ont aussi participé aux avantages de ce traité; la sollicitude du gouvernement colonial a pu, depuis cette époque, se concentrer de plus en plus sur l'exploitation agricole de ses magnifiques possessions. Ainsi une administration intelligente s'applique en ce moment à développer par de vigoureux efforts les richesses naturelles de Sumatra. Les Moluques, dont la prospérité est encore entravée par le maintien du monopole improductif des épiceries, attendent des réformes administratives qui ne sauraient leur être longtemps refusées. Dans les innombrables îles de cet archipel et dans la plupart de celles qui, au sud des Moluques, relient Java à Timor et à la Nouvelle-Guinée, la souveraineté ou au moins la supériorité de la Néerlande est généralement établie ou incontestée. Sur un point seulement, dans le voisinage de Java, à Bali, le gouvernement hollandais, loin de voir son protectorat accueilli avec faveur, est réduit à l'imposer par la force.

Si le traité de 1824 a régularisé l'état politique des Indes néerlandaises, d'autres mesures importantes ont assuré, comme nous l'avons dit, leur tranquillité intérieure, leur prospérité commerciale. La Hollande, comme puissance coloniale, a trop bien mérité de la civilisation pour qu'on ne souhaite pas de la voir grandir et se fortifier dans l'œuvre qu'elle a entreprise. Ici, comme aux Indes anglaises, comme en Algérie, c'est l'influence européenne qu'il s'agit non-seulement d'imposer aux populations, mais de concilier avec les habitudes locales et de faire pénétrer par degrés dans les mœurs. A Java, tout présage la prochaine solution de ce problème, et la population douce, insouciante, bornée dans ses espérances comme dans ses besoins, accepte volontiers une domination qui a sagement posé en principe la participation des chefs indigènes à l'administration civile et à l'exploitation des ressources locales. Il n'en saurait être de même pour les établissements formés au milieu des tribus malaises des grandes îles voisines de Java. Là le développement de l'influence européenne l'extension de la domination néerlandaise, rencontrent et rencontreront encore de grands obstacles. Il sera utile et glorieux à la fois de les surmonter.

Chaque progrès de la Hollande dans l'archipel Indien est donc une victoire pour la civilisation, et à ce titre ne saurait trouver la France indifférente; mais d'autres considérations doivent encore appeler l'attention de cette puissance sur les établissements hollandais des mers de l'Inde. La France n'est plus désintéressée dans les questions qui s'agitent dans l'extrême Orient (1). L'avenir de son commerce extérieur est étroitement lié à l'affermissement de la domination hollandaise dans ces parages. Java et les importantes possessions dont cette île est le centre pourraient devenir, en effet, pour l'industrie française un excellent débouché. Les populations malaises se montrent de plus en plus disposées à accueillir les produits des manufactures européennes, et la France semblerait particulièrement appelée à satisfaire les nouveaux besoins que va créer cette transformation déjà accomplie sur plusieurs points de l'Archipel. En prêtant la coopération de notre marine à la Hollande pour la répression de la piraterie dans les mers de l'est, nous trouverions dans cette coo-

---

(1) L'expédition de Cochinchine, commencée depuis deux ans, celle de Chine, qui s'accomplit au moment où nous écrivons ces lignes, les relations de notre commerce, qui s'étendent chaque jour dans ces contrées, nos traités avec Siam et le Japon, et par-dessus tout nos missionnaires qui vont y porter la civilisation avec les lumières de la foi, nous intéressent nécessairement à tous les événements qui se passent dans cette partie du monde.

pération même un double avantage : nous protégerions efficacement notre commerce, déjà important dans ces mers; et nous lui assurerions, de la part du gouvernement néerlandais, toutes les facilités qui hâteraient son développement légitime.

CHAPITRE V

Formes diverses adoptées pour le gouvernement des Indes néerlandaises. — Caractère particulier du gouvernement colonial néerlandais depuis 1816. — Ce qu'était le gouvernement sous l'ancienne compagnie des Indes. — Pendant la domination française ; depuis. — Règlement colonial de 1826. — Pouvoirs et prérogatives du gouverneur général. — Déférence de la population javanaise et malaise. — Administration intérieure d'après le règlement colonial. — Ses avantages. — Différentes dispositions du règlement colonial relativement aux étrangers.

Les formes du gouvernement des Indes néerlandaises ont varié suivant les circonstances commerciales et politiques qui ont dominé à diverses époques les entreprises maritimes des grandes nations européennes. Java et ses dépendances ont obéi successivement : à une association de marchands qui ne songeait qu'aux bénéfices du commerce et aux avantages du monopole, et qui plaçait à bord de ses flottes le chef-lieu de ses comptoirs aux Indes orientales; à une compagnie qui, avec le concours et sous le contrôle du gouvernement de la mère patrie, s'est préoccupée du développement du commerce, mais a été obligée de gouverner en même temps comme puissance territoriale; enfin au gouvernement batave, et plus tard au roi des Pays-Bas, investi par la constitution de l'administration supérieure et exclusive des colonies.

Ces phases par lesquelles a passé l'administration des Indes néerlandaises sont analogues à celles qui ont marqué le développement de la puissance anglaise dans l'Hindoustan. L'histoire de ces compagnies anglaises et hollandaises est la même. Dans l'un et l'autre pays, des compagnies rivales, nées de l'ardent désir d'exploiter un commerce lucratif, ont compris, au bout d'un certain temps, la nécessité de se fondre en une seule association, sous la protection et avec le concours du gouvernement. Pour l'un et l'autre peuple, le point de départ a été le commerce, le point d'arrivée l'empire. Cependant cette analogie, qui se soutient jusque dans les détails, est beaucoup moindre pour la dernière des périodes que nous avons indiquées que pour les deux autres. Cette circonstance remarquable d'un pouvoir suprême et sans contrôle réel, exercé par le roi sur les colonies, devait donner et a donné, en effet, un caractère particulier aux gouvernements coloniaux néerlandais, principalement à celui de Java, depuis 1816. Pourtant, à toutes les époques, un *gouverneur général* et un *conseil* ont été reconnus nécessaires, ou au moins ont été établis à la tête de l'administration coloniale; et à toutes les époques le pouvoir du gouverneur général a été considérable.

La nécessité de centraliser le pouvoir s'est fait sentir de plus en plus à partir de 1816, et les modifications apportées, depuis cette époque jusqu'en 1836, aux *règlements* pour l'administration suprême, ou la *conduite du gouvernement aux Indes orientales*, témoignent de la conviction du gouvernement de la mère patrie à cet égard. Ces mêmes convictions, et la crainte sans doute de laisser une trop grande liberté d'action aux gouverneurs généraux, ont eu pour résultat l'envoi fréquent de commissaires généraux, représentants du roi et munis de ses pleins pouvoirs. A l'un de ces commissaires généraux, M. Van der Bosch, appartient l'honneur d'avoir révélé à sa patrie et au monde entier la valeur réelle de Java comme *mine agricole* aussi inépuisable que variée dans ses produits, et c'est à cet homme d'État, immortel introducteur du *système des cultures à Java*, et devenu ministre des colonies en 1834, que l'Inde néerlandaise a dû le dernier arrêté organique qui la régit.

Avant la prise de Jaccatra, en 1619, les gouverneurs généraux n'avaient pas de résidence fixe aux Indes. Ils se portaient avec leurs flottes partout où ils croyaient leur présence nécessaire, s'arrêtant tantôt à Bantam, tantôt à Ternate ou à Amboine; mais Jaccatra une fois prise, Koen en fit « le rendez-vous général de la compagnie, » et le château de Batavia, bâti sur l'emplacement de la ville conquise et armé par lui, devint la résidence du gouverneur général.

Pendant plus d'un siècle et demi, Batavia fut à la fois le siége du gouvernement et la résidence du gouverneur général. Tous les conseils supérieurs et les principaux fonctionnaires s'y trouvaient réunis; c'était l'entrepôt de tous les produits de l'Orient destinés pour la Hollande, le point de départ et d'arrivée de tous les navires, le lieu où les princes indigènes venaient offrir leurs hommages au « grand seigneur » (*Touan-bésar*) (1), le centre enfin de la domination hollandaise aux Indes. Nous avons dit en commençant dans quelles circonstances et par quel motif le gouverneur transporta sa résidence à Waltevreden, ou la Nouvelle-Batavia, et même momentanément à Buitenzoorg.

Jusqu'à la fin du xviii° siècle, le gouverneur général, quoique nommé par le gouvernement, dont il était l'homme, relevait immédiatement des directeurs de la compagnie des Indes, ou de *l'assemblée des Dix-Sept*, comme on disait, parce que tel était le nombre de ces directeurs.

C'était cette assemblée qui dictait aux gouverneurs les instructions d'après lesquelles ils devaient exercer leurs fonctions. « Il avait à veiller au maintien de l'ordre en ce qui regarde la justice, la police, le commerce et tout ce qui en dépend. » *Toute opération commerciale particulière* lui était sévèrement interdite, ainsi qu'à tous les employés sous ses ordres. (Extrait de

(1) Ces deux mots malais signifient, en effet, « grand seigneur » ou « grand monsieur, » et s'appliquent, par comparaison, à toute personne que son âge ou son rang place au-dessus d'une ou plusieurs autres. Ainsi le gouverneur général est le *grand monsieur* par excellence.

l'instruction de 1650.) Après avoir défini les devoirs du gouverneur général comme chef de la justice et de la police, la compagnie ajoutait dans son instruction cette recommandation caractéristique : « Comme il importe avant tout que la justice et la police soient secondées par la religion chrétienne réformée, le gouverneur doit favoriser cette dernière selon ce qui se pratique dans les Provinces-Unies, et ne permettre l'exercice d'aucune autre religion, *surtout du catholicisme.* » Touchant exemple de tolérance donné par ces républicains, ces libres penseurs, ces prétendus réformés qui ne cessaient et ne cessent encore de déclamer contre l'intolérance du catholicisme! Hâtons-nous de dire que ce système étroit de protection exclusive est tombé avec la compagnie, et a fait place à une tolérance plus judicieuse et même à la protection la plus large des *différents cultes chrétiens.*

Lorsque, après la conquête de la Hollande par l'armée française, en 1798, ce pays se fut constitué en République Batave, le nouveau gouvernement accepta la propriété des possessions de la compagnie aux Indes avec toutes ses dettes, dont la plupart, au reste, avaient été garanties par l'État. La compagnie cessa dès lors d'exister, et l'administration des colonies fut confiée en Europe à un collége dépendant du gouvernement; dès lors aussi, le gouverneur général fut regardé comme l'unique représentant immédiat du pouvoir suprême en Hollande, et ne put être nommé et révoqué que par lui. Les colonies néerlandaises de l'Inde entrèrent dans une ère nouvelle.

Cependant la guerre qui s'éleva après la courte paix d'Amiens ne permit pas d'organiser d'abord d'une manière convenable le gouvernement colonial de l'Inde néerlandaise. En 1808, Napoléon envoya à Batavia, en qualité de gouverneur général, le maréchal Daendels, qui dans sa courte administration réalisa de grandes choses et commit des excès non moins grands. Il fut rappelé par l'empereur, qui lui donna pour successeur le général Janssens. Celui-ci ne gouverna que quelques mois seulement, et fut contraint, après une lutte courageuse, mais inhabile, à rendre la colonie aux Anglais, qui la gardèrent jusqu'en 1815.

Après le rétablissement de l'autorité hollandaise, le baron Van der Capellen fut nommé gouverneur général par le roi Guillaume Ier. Enfin, après divers tâtonnements, a paru, en 1836, le règlement organique, espèce de charte coloniale qui régit en ce moment les possessions néerlandaises des Indes orientales. Cette nouvelle période a déjà été féconde en résultats dont nous allons faire apprécier l'importance.

D'après le nouveau règlement colonial, le gouvernement suprême des Indes néerlandaises est confié aujourd'hui, par ordre et au nom du roi, à un *gouverneur général*, auquel est adjoint un *conseil des Indes néerlandaises*, composé d'un *vice-président* et de quatre membres nommés par le roi. Près du gouverneur général en conseil est placé un *secrétaire général* du gouvernement, qui contre-signe tous les actes du gouverneur général. En cas de mort du gouverneur général, avant que le roi ait pourvu à son remplacement, le vice-président remplit les fonctions de gouverneur général.

Les pouvoirs et prérogatives du gouverneur général des Indes néerlandaises étant calqués, pour ainsi dire, sur les attributions mêmes de l'autorité royale, il est inutile de les énumérer. Notre but principal est, ici surtout, de montrer comment les principes de l'administration intérieure ont été sagement adaptés au caractère des populations qu'ils régissent et à leur bien-être.

Avant d'entrer, toutefois, dans l'examen du règlement organique envisagé à ce point de vue, il importe de reconnaître les obstacles qu'il avait à vaincre et les facilités que la nature même des choses lui offrait.

Deux grandes variétés de la race malaise peuplent les possessions hollandaises de l'archipel Oriental : les Javanais avec les tribus analogues par leur constitution physique et leurs habitudes; les Malais proprement dits, et tribus dépendantes. La population javanaise est douce, inoffensive, agricole et industrieuse, quoique portée à l'indolence et avide de distractions plutôt que de plaisirs. La population malaise est remuante, aventureuse, turbulente, portée, selon les temps et les lieux, au commerce ou à la piraterie. A Java, la population indigène, guidée par une administration paternelle, est un instrument de succès; dans les autres colonies, en général, elle est plutôt un obstacle. L'administration marche beaucoup plus aisément à Java que dans les établissements extérieurs, parce que les autorités hollandaises agissent sur les populations par l'intermédiaire des chefs indigènes, qui sont les créatures du gouvernement, tandis qu'à Sumatra et surtout à Bornéo, à Célèbes, etc., les fonctionnaires hollandais exercent, non par choix, mais par nécessité, une autorité directe sur les indigènes, et sont avec eux en rapports constants, journaliers, pénibles et souvent compromettants. Telle est la situation dont le règlement organique a dû tenir compte.

Aux termes de ce règlement, l'administration intérieure est dirigée, sous la surveillance et l'autorité du gouverneur général, par des *résidents* dans les provinces de Java et de Madura, et dans les *possessions extérieures* (c'est-à-dire les établissements en dehors de Java et de Madura) par des gouverneurs ou des résidents, suivant l'importance de ces possessions. Le principe fondamental de cette administration, principe proclamé par le gouvernement même, est de laisser, autant que les circonstances le permettront, la population indigène sous la direction immédiate de ses propres chefs. Ce principe est fécond en conséquences utiles; d'abord, les institutions locales dont les chefs indigènes sont la plus haute expression, ou, si l'on veut, l'interprétation vivante, reconnaissent l'État, le souverain, comme propriétaire du sol; ensuite, la confiance que le gouvernement témoigne aux chefs, la considération dont il les entoure, les avantages matériels qu'il leur assure, en font des agents dévoués en même temps que des intermédiaires naturels entre les classes inférieures et le souverain. L'importance d'une classe intermédiaire est grande partout sous toutes les formes de gouvernement; à Java elle est immense. Qu'on se reporte aux bases mêmes de l'organisation sociale dans ce pays. D'un côté, on verra l'innombrable multitude des *prolétaires* qui ne possèdent rien et qui doivent vivre et faire vivre leurs familles par le travail de leurs mains; de l'autre, le pouvoir souverain, seul maître et dispensateur des biens de la terre, source unique des prérogatives, des dignités, des honneurs; seul, absolument libre, après Dieu! La classe intermédiaire, sous une infinité de noms, de titres, d'emplois, comble cette lacune entre le souverain et la masse du peuple. Par elle et ses subdivisions, graduées habilement, le partage monstrueusement inégal des avantages et des charges de la société javanaise devient moins blessant; d'heureuses transitions endorment ainsi les rancunes naturelles à toute classe opprimée, et relient suffisamment les différentes parties de l'édifice pour les préserver de la ruine.

Nous venons de dire que le gouvernement était seul propriétaire du sol. Cependant il y a quelques exceptions provenant de ce que, autrefois, dans certaines circonstances, quelques portions des terres appartenant à l'État ont été vendues à des particuliers, à l'effet d'augmenter les ressources publiques. Cette aliénation, qui avait le caractère d'un expédient, en a eu aussi les inconvénients. Ces inconvénients ont été d'autant plus sérieux que la plupart des cessions ainsi consommées embrassaient des territoires d'une vaste étendue et souvent très-peuplés. Les nouveaux propriétaires ont cru avoir intérêt à se défaire des classes intermédiaires; ils n'ont donc toléré sur leurs propriétés que des cultivateurs et quelques artisans. Ils ont repoussé les petits chefs indigènes, et l'ancienne organisation sociale a disparu; mais avec elle a disparu la paix publique de ces domaines, dont la plupart des premiers propriétaires ont été assassinés. Depuis quelques années seulement, une vigilance active de la part du gouvernement, l'adoption de mesures plus sages de la part des propriétaires, l'habitude que les Javanais ont acquise par degrés de cette domination directe d'un simple particulier, domination si contraire à leurs anciens usages, ont amélioré peu à peu ce triste état de choses, surtout aux environs de Batavia.

Mais là où le sol est encore le domaine de l'État, c'est-à-dire dans la majeure partie de Java, où la propriété foncière individuelle est inconnue et où le commerce et l'industrie ne sont pas encore devenus les sources du bien-être général, les classes intermédiaires se composent presque uniquement des officiers civils que le gouvernement, possesseur général des terres, commet à l'administration de ses domaines. Leur nombre est assez grand et la hiérarchie assez habilement ménagée, ainsi que je l'ai déjà fait entrevoir, pour que la pente qui mène du chef de l'État au cultivateur soit douce et la tranquillité assurée. Le dernier échelon de l'organisation gouvernementale est le *dessa* (la commune). C'est le nœud sacré qui maintient l'intégrité du pacte social. Choisie par les habitants des villages, l'administration communale a conservé la liberté de son action, et toutes les dispositions gouvernementales relatives aux communes témoignent d'un respect louable pour cette liberté, ainsi que pour les *coutumes* dont l'ensemble est emphatiquement désigné à Java par le mot *adat*, emprunté, comme les coutumes elles-mêmes, à l'Inde antique.

Un article du règlement organique déclare que *la population indigène jouit de la protection spéciale du gouvernement*, et que toutes extorsions, vexations et mesures arbitraires à l'égard des personnes, biens ou travaux des indigènes, sont expressément défendues et seront sévèrement punies. Il ordonne que toutes facilités soient données aux indigènes pour faire entendre librement leurs plaintes. Les terres du gouvernement sont constamment réparties entre les dessas (communes), et affermées aux Javanais par l'intermédiaire et l'action directe des chefs et des anciens des dessas. Les conditions de cet affermage sont insérées dans les contrats, qui sont en même temps les rôles des contributions foncières des villages, que l'on désigne en javanais par le mot de *piagem*. La forme et le contenu des piagems, le temps de leur durée, le montant de l'impôt territorial, la manière dont il doit être acquitté, soit en argent, soit en produits, soit d'autre manière, en un mot, tout ce qui peut contribuer à assurer la location des terres et favoriser le développement de l'agriculture et de l'industrie, a été l'objet de règlements spéciaux qui embrassent toute l'étendue de Java, à l'exception, 1° des provinces de Sourakarta et Djokjokarta, dont l'administration immédiate a été laissée aux princes indigènes qui continuent de les gouverner, sous la surveillance et avec le concours des résidents hollandais, et moyennant un tribut payé au gouvernement colonial; 2° du pays connu sous la dénomination de *Régence de Préangeò* (pays de Sònda), où les institutions existantes sont conservées intactes, et où l'impôt foncier dû au gouvernement est payé au moyen de cultures obligées, et conséquemment en produits; 3° enfin, des terres appartenant à des particuliers.

Le gouverneur général doit assurer le bon traitement des indigènes sur les terres cédées à des Européens ou autres, et veiller à la stricte exécution des ordonnances en ce qui touche aux servitudes ou aux impôts exigibles des populations. Il veille cependant aussi à ce que les habitants indigènes des terres particulières remplissent convenablement les obligations qui leur sont imposées par l'adat, cette loi traditionnelle plus sacrée parmi les races malaises que toutes les lois écrites. Ces obligations, qui datent des temps les plus reculés, sont, entre autres, l'entretien des chemins et des ponts, la fourniture de certaines denrées, le transport des *personnes* et des *bagages* des voyageurs, moyennant rétribution réglée par le pouvoir suprême, etc.

Les mesures adoptées pour l'administration des possessions autres que Java portent le même caractère général de libéralité et de justice. Il est recommandé aux autorités d'entretenir de bonnes relations avec les gouvernements, princes et peuples indiens environnants. Elles doivent se garder soigneusement de toute invasion de territoire. Elles doivent néanmoins repousser, par tous les moyens légitimes, toute agression dirigée contre le territoire dont la garde et le gouvernement leur sont confiés.

Si l'on réfléchit sur l'ensemble de ces dispositions, qui s'appliquent, il ne faut pas l'oublier, à une population accoutumée pendant des siècles à regarder sa liberté, ses biens, sa vie, comme la propriété du souverain indigène dont elle subissait la domination avec une résignation insouciante, on sera forcé de reconnaître que le gouvernement hollandais, en adoptant ces principes à la fois sages et libéraux comme base de ses relations avec les peuples de l'Archipel (avec ceux de Java en particulier), a su concilier habilement les exigences de la raison et de l'humanité avec celles de son propre intérêt.

Parmi les dispositions générales du règlement organique de 1836 qui ne sont pas directement relatives à la population indigène, il en est quelques-unes qui méritent d'être signalées. Nul ne peut fixer sa résidence aux Indes néerlandaises sans en avoir reçu l'autorisation préalable. Les permissions de visiter les Indes néerlandaises et de s'y fixer ne peuvent être accordées que par le gouverneur général, selon les ordres donnés par le roi. Tout étranger qui visite pour un temps les Indes néerlandaises est sujet à toutes les lois et ordonnances qui y sont en vigueur. Les Chinois, les Maures (on désigne sous ce nom à Java les émigrés mahométans de la côte orientale de l'Inde anglaise), les Arabes et les autres étrangers non Européens (Malais, Boughis, etc.), qui se fixent aux Indes néerlandaises, sont placés sous l'autorité des chefs de leurs nations respectives. Ils y jouissent de plus de liberté que les Européens. La résidence de ceux-ci à Java, et même leur séjour temporaire dans la colonie, a toujours été une question qui a sérieusement préoccupé le gouvernement colonial. Une prudence exagérée a souvent influencé ses décisions, et c'est par suite des difficultés suscitées aux étrangers qui ont voulu visiter ces contrées intéressantes qu'elles sont encore aujourd'hui si peu connues en Europe. Pour moi, ma position tout exceptionnelle m'a permis de parcourir dans tous les sens les possessions hollandaises de cette partie du monde, et c'est ce qui m'a déterminé à publier le résultat de mes observations, dans l'espoir qu'elles ne seraient pas sans intérêt pour la jeunesse à qui je les destine. Cependant je dois ajouter que je ne suis pas le seul étranger qui ait pu jouir du même avantage sans être pourtant, comme je l'étais, attaché au service de la Hollande. Ainsi quelques voyageurs distingués soit par leur nom, soit par leur réputation comme savants, ont été accueillis par l'autorité coloniale non-seulement avec tous les égards possibles, mais avec la plus cordiale et la plus généreuse hospitalité. Non-seulement le gouvernement les a autorisés à visiter l'intérieur de ce magnifique pays, mais il leur a fait délivrer des chevaux de poste à ses frais pour les transporter partout où ils voudraient aller, les recommandant aux autorités coloniales et indigènes, et les comblant, en un mot, d'attentions somptueuses et d'honorables prévenances. Mais pour peu que l'un de ces voyageurs eût été seulement soupçonné d'être l'agent d'un gouvernement étranger, on ne l'aurait accueilli qu'avec une froide politesse ; il n'aurait obtenu qu'un permis de séjour temporaire à Batavia, moyennant une somme de cent dix florins (deux cent vingt à deux cent trente francs), et il ne lui eût pas été permis de sortir des limites du territoire de la capitale, si ce n'est pour des motifs urgents, dont l'appréciation doit être soumise au conseil colonial.

Pour terminer ce que nous avons à dire de l'administration, j'ajouterai que, d'après le règlement organique, le libre exercice des religions professées par les différentes sectes aux Indes néerlandaises est placé sous la protection du gouvernement, en tant qu'il ne porte aucune atteinte à la sûreté publique. Les traitements des ministres des différents cultes chrétiens sont payés par la caisse coloniale, et le gouverneur général est autorisé à accorder des traitements aux ministres de tels autres cultes dont l'établissement pourrait être autorisé à l'avenir.

L'Église protestante, comme on le pense bien, occupe le premier rang et est largement rétribuée. Elle compte à Batavia quatre ministres, un missionnaire docteur. A Tougou, faubourg de Batavia, et à Dépok, faubourg de Buitenzoorg, il y a deux corps de chrétiens indigènes, desservis par un missionnaire de la société néerlandaise; puis dans d'autres villes de l'île de Java des maisons d'orphelins et des ministres et missionnaires, ainsi que dans les différentes îles dépendantes des possessions hollandaises.

Quant au culte catholique, il y a un vice-préfet apostolique à Batavia, pour toute l'île de Java; un vicaire, faisant fonction de curé; à Samarang, un curé; et enfin, sur la côte occidentale de Sumatra, à Padang, un chapelain. Ce sont là les seuls prêtres catholiques auxquels le gouvernement néerlandais accorde un traitement; mais ce nombre est bien insuffisant pour satisfaire au besoin de la population catholique, quoique peu nombreuse, répandue dans les possessions néerlandaises; d'autres prêtres zélés, appartenant aux missions, viennent, il est vrai, à leur aide; mais ils ne sont que tolérés par le gouvernement, qui ne leur permet pas de prêcher l'Évangile aux indigènes idolâtres ou mahométans. Il leur permet seulement l'exercice du culte catholique, la prédication et l'administration des sacrements envers leurs coreligionnaires; mais il ne veut pas qu'ils cherchent à faire des conversions : un vice-préfet apostolique et un autre prêtre catholique ont été expulsés de Batavia pour ce fait. Les Anglais sont plus tolérants. Ils n'accordent point de traitement aux prêtres catholiques établis aux Indes et dans leurs autres colonies; mais ils ne s'opposent pas à ce qu'ils travaillent à la conversion des infidèles.

CHAPITRE VI

Monuments antiques et du moyen âge de l'île de Java. — Tombeaux et mosquées. — Le grand temple de Brambanan. — Temple et statues de Loro-Djongrang. — Les mille temples. — Temple de Kalibening et salle d'audience de Kalibening. — Palais de Kalassan. — Temple de Boro-Bodo et statue de Bouddha. — Temples innombrables sur le plateau de Gounong-Dieng (mont des dieux). — Ruines diverses. — Ruines de Madjapahit. — Ruines de Sentoul, Gidah et Penataran. — Temples ruinés et statues de Sing'a-Sari. — Ruines de Kotah-Bedah, de Kedal et de Djagou. — Pyramide et temple de Soukou et de Baniou-Kouning. — Statues de Baniou-Wandgi. — Époques probables de la construction de ces divers monuments.

Comme je n'écris pas un journal de mon séjour à Java et dans les possessions des Indes néerlandaises, je groupe les observations générales que j'ai faites sur ces contrées, non pas dans l'ordre et au fur et à mesure que je les ai faites, mais dans leur ensemble, comme on a pu le voir dans les deux chapitres précédents. Ainsi, dans le chapitre qui commence, je vais rendre compte de l'étude que j'ai faite, pendant mon séjour, des divers monuments de l'île de Java; parce que les monuments m'ont toujours paru fournir la preuve vivante de l'état de la civilisation des peuples. Ils deviennent en quelque sorte la source de leur histoire, lorsqu'il s'y rattache, comme aux antiques édifices de l'Égypte et de l'Hindoustan, un mythe ou une tradition.

Dans l'île de Java, l'architecture et la sculpture sa sœur ont fleuri avec plus d'éclat que dans la Perse et dans le Mexique, et ont égalé les chefs-d'œuvre en ce genre de l'Égypte et de l'Hindoustan; néanmoins on n'y a point découvert jusqu'à présent de grands temples souterrains comme dans ces deux dernières contrées.

J'ai visité les nombreux et admirables monuments épars sur le sol de cette île, en compagnie de quelques-uns des membres de la Société des arts et des sciences de Batavia, qui ont bien voulu me servir de guides et m'éclairer sur la valeur archéologique des objets qui se sont présentés à mes regards dans mes diverses excursions.

Les ruines d'architecture et de sculpture de cette

île sont plus nombreuses depuis Chéribon jusqu'à Soubaraya que dans la partie occidentale. Avant de parler de ces ruines admirables, je dirai quelques mots de deux ou trois monuments construits depuis l'introduction de l'islamisme et que mes guides me firent remarquer en premier lieu.

Dans les environs de Chéribon, on trouve le tombeau du célèbre cheik Moulang, qui propagea le premier la religion de Mahomet à Java.

Dans un village nommé Trangoulan, près de l'antique et célèbre Madjapahit, on remarque le magnifique mausolée d'un prince musulman, ainsi que le tombeau de sa femme et de sa nourrice. Il porte la date de 1320, sculptée en relief et dans les anciens caractères en usage chez les mahométans. A côté, on voit les tombeaux de neuf autres chefs. Leur garde est confiée à des prêtres.

A Kediri on me fit voir une mosquée musulmane nommée *astana-djedang*, construite avec les débris d'anciens *tchandis*, ou temples javanais, qui ont également servi à la construction de plusieurs maisons et édifices. Ces tchandis ont été abattus depuis l'introduction du culte de Mahomet, en haine de l'idolâtrie; leurs débris sont, à ce que m'ont dit mes savants compagnons, tirés de l'antique ville de Dara, dont il est fait souvent mention dans les annales javanaises. Les mosquées modernes, construites avec ces débris, sont d'une élégance plus que médiocre.

Les ruines de Brambanan, entre les districts de Pajang et de Matarem (Sourakarta), sont bien conservées. Elles furent découvertes par un ingénieur hollandais, chargé de la construction d'un fort à Kletan, près de la grande route qui conduit de la capitale du sousounan (empereur) de Sourakarta ou Matarem à celle des États du sultan de Djokjokarta. C'est dans cette riche et fertile partie de Java, remarquable par le Merbalou, le Sindoro et le Soumbing, les plus hautes montagnes de l'île, qu'existent une foule de monuments de tout genre, rappelant la puissance et l'antique civilisation de cette belle contrée.

Le tchandi ou temple de Kobou-Dalem est tellement couvert de broussailles, qu'on n'a pu en reconnaître que l'étendue, qui est de deux cents à trois cents mètres. Les ruines de la clôture n'ont pas encore été découvertes. A environ quarante mètres du côté de l'ouest du temple, il y avait autrefois deux statues colossales, représentant des *rechas* (gardiens du temple) agenouillés. Ces deux statues sont renversées, et l'une d'elles est brisée par le milieu; elles sont taillées d'un seul bloc, et elles étaient jadis en regard l'une de l'autre. Les deux rechas ressemblent aux prêtres mendiants de l'Inde. Leur tête a soixante-cinq centimètres de hauteur : on peut juger par là de la grandeur de la statue. Les rechas portent une épée attachée au côté droit d'une large ceinture au milieu du corps, la seule partie qui soit vêtue; ils ont la bouche ouverte et fort grande. Leur main droite tient une massue octogone, la gauche un serpent roulé; de petits serpents sont entrelacés autour des manches, sur lesquelles la tête et la queue se réunissent en forme de nœuds. Ces statues sont semblables à celles du temple de Bénarès, la Rome et l'Athènes de l'Inde, et leur exécution est de la plus grande beauté. Il est probable qu'en faisant des fouilles on trouverait les statues des divinités de ce temple. La porte a un mètre cinquante centimètres de large sur quatre de hauteur; elle conduit à un appartement de six mètres vingt-cinq centimètres carrés, dont le sol est couvert de décombres; sa hauteur actuelle est de sept mètres. Le toit est une pyramide quadrangulaire de quatre mètres vingt-cinq centimètres à sa base. La pierre dont le temple et les statues ont été taillés est d'un grain commun.

Non loin de là est un beau bas-relief de cinquante centimètres sur quatorze, représentant un éléphant caparaçonné, ainsi qu'ils sont dans l'Hindoustan. On reconnaît dans les figures assises la posture des Hindous pendant la prière appelée *toupicha*, adressée à la principale divinité du culte brahmanique.

Le tchandi ou temple de Loro-Djongrang, au nord du village de Brambanan, se composait jadis de vingt petits édifices, dont douze temples : ce n'est plus aujourd'hui qu'une énorme masse de pierres. Le principal temple a trente mètres de hauteur. En entrant, en face de la porte, on voit une statue de la déesse Loro-Djongrang, avec les attributs du Kouviran, et de la hauteur de deux mètres huit centimètres. Le premier de ses huit bras tient une queue de buffle, le second une épée appelée *kourg*, le troisième le bouddha, le quatrième le choukour, le cinquième la lune, le sixième l'écu, le septième l'étendard, et le huitième les cheveux de Mahikassour, qui est le vice personnifié. Il est enlevé avec violence par la déesse, parce qu'il a voulu tuer le taureau *nandhi*. Cette déesse, quelquefois, tient un sabre dans sa main. Les ouvrages sanskrits lui donnent plusieurs noms, tels que ceux de Bhawani, Devi, Mahamia, etc., et plus généralement celui de Dourga.

Les autres parties du temple renferment une belle statue de Bitara-Gana ou Ganesa (dieu de la sagesse), ainsi que celle de Siva ou Chiva et autres divinités hindoues. Toutes ces immenses constructions sont en pierre de taille, sans mortier ni ciment; et les plantes qui ont poussé au milieu de leurs débris, en les environnant de verdure, les couvrent de leur ombrage, et leur prêtent des beautés pittoresques qui ajoutent à leur air vénérable.

A huit cent quarante mètres au nord du temple de Loro-Djongrang, on aperçoit les Tchandi-Siwou (mille temples). Jamais je n'ai vu un plus grand nombre de colonnes, de statues, de bas-reliefs entassés dans un même lieu; tout est terminé et poli avec un goût pur et très-exercé. Les statues des gardiens ou portiers du temple (rechas) ont trois mètres de hauteur quoique agenouillées, et offrent, au reste, une ressemblance frappante avec celles du grand temple de

Brambanan. Leurs grosses faces offrent une expression de gaieté qu'on ne retrouve dans aucun des monuments épars sur le sol de l'île, ni dans ceux de l'Hindoustan. Tous ces temples renferment une statue de Bouddha, et ont la forme d'un parallélogramme de la longueur d'environ cent quatre-vingts mètres, sur une largeur de cent soixante-dix : ils sont à peu près tous construits sur le même plan, et le style de l'architecture, les costumes et les emblèmes des statues et des bas-reliefs qui les ornent, sont exactement semblables à ceux des temples hindous ; ils ont chacun quatre entrées placées aux quatre points cardinaux. Leurs plus grands côtés font face à l'orient et à l'occident. On remarque dans le grand côté une figure de la *trimourti* (triple forme) ou triade hindoue, différente de la triade égyptienne. La distribution intérieure, ainsi que celle des temples de Loro-Djongrang, est en forme de croix, et la plus grande de toutes les salles est placée au centre.

A Kalibening, village peu éloigné de Brambanan, se trouvent les débris d'un temple pareil à ceux de Tchandi-Siwou et de Loro-Djongrang, mais ses ornements annoncent plus d'art et d'habileté dans l'exécution.

Près du temple de Kalibening se trouvent les ruines d'une salle d'audience; il y a deux statues colossales de rechas, d'une exécution admirable; derrière ces statues est une masse confuse de briques, formant vraisemblablement les restes de cette salle, qui était entourée de quatorze piliers. Au dehors, une varanda ou galerie, qui régnait tout autour de cette salle, était soutenue par vingt-deux piliers. Le bâtiment s'étend de l'est à l'ouest. L'appartement intérieur est de seize mètres, y compris les piliers; sa largeur était de neuf mètres, et celle de la varanda était de quatre.

Près de Brambanan sont les ruines du palais de Kalassan. Les ruines de Dinangan, sur la route de Branbanan à Djokjokarta, consistaient en des statues dont une est gigantesque, mais d'une exécution médiocre.

Dans les limites de la résidence de Kadoe ou Kadou, non loin de Magouelan, et près de la frontière des États du sultan de Djokjokarta, se trouvent les ruines célèbres de Boro-Bodo. On y voit les débris d'un temple qui couronnait une petite colline conique; selon sir Stamford-Ruffles, gouverneur de Java pendant la domination anglaise (de 1812 à 1816), et archéologue célèbre, la construction de cet édifice remonterait au commencement du vi‍e ou, tout au plus, du viii‍e siècle de l'ère javanaise. Ce temple a la forme d'un carré long; il est entouré de sept rangs de murs, qui décroissent à mesure que l'on gravit la colline, et surmonté d'un dôme qui recouvre son sommet. Ce dôme a environ seize mètres soixante-six centimètres de diamètre; chaque côté du carré extérieur est d'environ deux cent six mètres cinquante centimètres, et un triple rang de tours, au nombre de soixante-douze, accompagne les murs de cette dernière enceinte. Dans les parois de ces murs et de ces tours, existent des niches où sont placées des figures sculptées plus grandes que nature; elles représentent des personnes assises avec les jambes croisées; il y en a près de quatre cents. On a trouvé dans ces ruines une statue mutilée que l'on croit être celle de Bouddha. La hauteur du temple de Boro-Bodo est d'environ trente-trois mètres. Quoique l'alignement de cet édifice paraisse droit lorsqu'il est vu de loin, il est tronqué réellement, parce qu'on a voulu le mettre en harmonie avec la coupe irrégulière du sommet de la colline. La même forme a été observée à chaque terrasse.

Sur un plateau du célèbre Gounong-Dieng (mont des dieux) ou Gounong-Prahou, parce qu'il a la forme d'une barque (*prahou*), au nord-ouest du mont Sindoro, à une hauteur de deux cents mètres au-dessus des plaines environnantes, et de trois cent trente-trois mètres au-dessus de la surface de la mer, on voit les restes de plusieurs temples, des statues de la déesse Dourga, et d'autres sculptures fort remarquables et peu maltraitées. On gravit sur ce plateau à l'aide de marches en pierres entièrement bouleversées et presque ensevelies sous les amas de laves, de scories, qui ravagèrent ces lieux, longtemps après que ces monuments eurent été bâtis. Au centre de cette plaine élevée, on trouve encore quatre temples mieux conservés que les autres, et d'une architecture élégante. Plus tard, on y a découvert les ruines de quatre cents temples, disposés d'une manière admirable, et formant entre eux de grandes rues régulières.

Toute la contrée située entre Gounong-Dieng et Brambanan est couverte de ruines d'édifices sacrés. Plusieurs villages entre Bledran et Jetis, sur la route de Banioumas, à travers le Kadou, en offrent également : on rencontre à chaque instant des débris de murs, de corniches, de bas-reliefs et de statues.

Selon les traditions, on suppose que cette contrée avait été la résidence des dieux et des demi-dieux de l'antiquité javanaise.

Les districts de Jayaraya, Chéribon, Bawa, Kalangbret, Trengali, Pranaraga et Magetan, sont couverts de ruines dispersées et solitaires. On distingue généralement par le nom de *kotah-bedah* les restes de villes, de forts et autres édifices.

Les environs de l'ancienne Madjapahit sont fort remarquables sous plusieurs rapports. A l'ouest on voyait, à Madion, quatre monuments en pierre, revêtus d'inscriptions lisibles; on y trouve encore des restes de rechas et d'autres débris de sculpture. On a découvert dans des fouilles, à Toumoung-Goung, les restes d'un bain qui recevait l'eau par l'intermédiaire de six conduits. Les fontaines sont couvertes d'inscriptions, et les sculptures sont assez bien exécutées.

A l'est de la rivière de Solo, gisent çà et là une foule de ruines monumentales, particulièrement dans les districts de Madion, Kirtasana, Kediri et Streng'at, qui renferment les antiquités les plus intéressantes de cette contrée.

Au pied de la colline de Klotock, qui est une prolongation du mont Willis, à un peu plus de deux kilomètres à l'ouest de Kediri, est la cave de Sala-Mangleng. Elle consiste en quatre petites chambres contiguës et semblables, carrées, un peu oblongues et creusées dans le roc. La plus grande est longue d'à peu près six mètres cinquante centimètres. Les deux murs des deux principaux appartements sont ornés de sculptures et de bas-reliefs ; la construction semble indiquer un lieu consacré à la pénitence ou à des exercices religieux. Sur le chemin de cette crypte se trouvent plusieurs rechas artistement sculptés. Sur la porte extérieure, du côté nord, est gravée une inscription à demi effacée et devenue illisible.

Au milieu des immenses forêts de tecks qui s'élèvent le long du Kediri, était située la célèbre ville de Madjapahit, antique capitale de l'empire javanais dans ses temps les plus florissants. Ses ruines couvrent un espace de plusieurs milles. On trouve encore debout plusieurs temples en briques et des débris de portes. Depuis le lieu où s'élevait cette ville fameuse jusqu'à Pabalingo, vers l'est, on rencontre à chaque pas d'anciennes constructions en briques. Il est bien difficile de déterminer l'étendue de Madjapahit, parce que son emplacement est aujourd'hui recouvert de tecks d'une hauteur prodigieuse ; mais on voit encore les murs d'un étang : ils sont faits de briques cuites, et ont trente-trois mètres de long sur quatre de hauteur.

A Sentoul, à l'est de Kediri, on voit, au milieu d'une antique forêt, un petit édifice construit avec une élégance remarquable ; les entablements des murs qui l'entourent sont ornés, dans l'intérieur, de sculptures parfaitement finies. A son sommet on voit encore un tank ou réservoir d'eau, d'une assez grande dimension, et sous ses fondations on a creusé une chapelle souterraine. Cet édifice paraît avoir été un tombeau. Aux environs de Gidah, village peu éloigné de celui de Bitar, est un temple en briques dont les ornements sont en pierres ; la construction et les sculptures sont exécutées avec une étonnante habileté. En s'avançant vers le nord-est, on aperçoit les antiquités de Penataran, rangées parmi les plus considérables et les plus curieuses de Java. Le plan de ces édifices semble indiquer qu'ils ont été destinés à des usages religieux. Ils occupent un espace de forme oblongue qui se trouvait partagé en trois parties distinctes, et environné d'un mur extérieur ; l'entrée principale est gardée par deux statues colossales. Une statue de recha, ou gardien agenouillé, et dont la figure à quatre visages semble annoncer le dieu Brahma, est placée dans un petit temple, dont la beauté l'emporte peut-être sur tous ceux que nous avons déjà décrits.

Dans le district de Malang se trouvent les célèbres ruines de Sing'a-Sari. On y voit un tchandi ou temple dont la principale entrée, à l'ouest, a dix mètres de hauteur, et au-dessus de laquelle est sculptée une énorme tête de gorgone ; on distingue autour de l'édifice d'autres sculptures qui ont été mutilées. On en a découvert d'intactes en s'avançant dans la forêt voisine : une, entre autres, d'un mètre cinquante centimètres de long, qui représentait le taureau naudhi. On a trouvé aussi, contre un arbre colossal, une magnifique statue à quatre têtes ; une autre de Mahaveda, avec son trident, accompagnée d'une inscription en caractères devanagari ; une déesse avec la fleur de lotus ; un char de suria (le soleil), avec ses sept chevaux jaunes, qui ont leurs queues rejetées en arrière et dans l'attitude d'une course rapide. A cent mètres de là, est une superbe statue colossale de Ganeça, avec sa trompe d'éléphant, ses gros bras et ses jambes énormes. Cette figure paraît avoir été primitivement placée sur une plate-forme ou dans un temple, car tout alentour est amoncelée une quantité considérable de pierres. Enfin, en s'avançant encore un peu plus dans le bois, on trouve deux de ces statues gigantesques qui représentent des rechas, accroupis selon la coutume; ces statues, taillées dans un seul bloc de pierre, avaient quatre mètres de haut, quoiqu'elles fussent assises.

En se dirigeant au sud par Malang, on rencontre les ruines de Soupit-Ourang, connues sous le nom de *kotah-bedah* ou le fort démoli; c'est là que se retirèrent les habitants de Madjapahit, quand leur ville eut été détruite. Le mur de ce fort est construit en briques, et placé entre deux rivières qui l'entourent aux trois quarts de son circuit et se réunissent. Quoique irrégulier, il est cependant dans une position bien choisie. Il a environ six cent soixante mètres de circonférence, et a depuis dix-sept mètres jusqu'à trente-trois de profondeur. La partie qui n'est point baignée par les deux rivières est large de vingt-cinq mètres environ, et profonde de dix-sept; devant cette partie, on a creusé un fossé communiquant avec elles. A sept milles au sud-est de Malang sont encore d'autres ruines.

On trouve à Kedal les débris d'un magnifique temple en pierre, situé sur les limites de la forêt; quatre lions sculptés soutiennent la corniche, deux autres soutiennent l'entrée. Les lions des angles, la gorgone de la porte, trois énormes serpents entrelacés sur la tête de la principale statue, qui tient dans une main la tête de l'un d'eux, forment un effet pittoresque d'une grande beauté. Un vase rempli d'eau et la tête d'un serpent qui y est attachée surmontent la tête d'une autre statue.

A Djagou, et dans l'intérieur de la forêt, sont d'autres ruines plus considérables; l'édifice principal est un des plus grands de tous ceux dont j'ai visité les ruines éparses dans cette partie de l'île. On y a découvert la statue d'une divinité hindoue dont la tête avait été enlevée, et au dos de laquelle était une inscription en caractères devanagari. L'édifice a trois étages, et les intervalles de chacun sont ornés de bas-reliefs représentant des batailles entremêlées de figures d'oiseaux et d'autres animaux. Un de ces bas-reliefs représente une bataille entre une armée appartenant à un peuple civilisé et une armée de *rakchasas* (mot sanskrit qui signifie mauvais génies ou peuple sauvage). On pense que ces ruines sont les restes de l'ancienne ville de Dgegueland, dont il est souvent fait mention dans les annales de Java.

A environ vingt milles géographiques à l'est de Sourakarta, et non loin du village de Soukou, on voit d'intéressantes ruines sur une des collines dépendantes du majestueux mont Lawou. Une des constructions principales consiste en une pyramide tronquée, qui s'élève sur le sommet de trois terrasses superposées les unes au-dessus des autres. Près de la pyramide sont des sculptures, deux obélisques et des *tougou* ou bornes, et des piliers en partie renversés. Les terrasses ont environ cinquante-deux mètres de longueur; la première en a vingt-sept de hauteur, la seconde dix, et la terrasse supérieure quarante-trois. La porte d'entrée du monument de Soukou a également la forme d'une pyramide · elle est de deux mètres cinquante centimètres de haut et d'environ un mètre de large. Une tête de gorgone forme la clef de l'architrave.

Il y a plusieurs figures sculptées sur la façade. On y voit un homme aux formes gigantesques qui dévore un enfant, et à sa droite un chien, dont la tête est enlevée ; un oiseau, qui paraît être une cigogne, est au pied d'un arbre, sur les branches duquel est un autre oiseau semblable à un pigeon ; sur ce pigeon plane une espèce de faucon ou d'aigle. Au-dessus d'une statue humaine, dont la bouche presse la queue d'un serpent entortillé, on remarque une figure qui se rapproche du sphinx ; mais elle en diffère en ce qu'elle est suspendue en l'air, et qu'elle a les jambes, les bras et la queue étendus. Sa queue est celle d'un lézard ; ses griffes ont des espèces de membranes ; mais le torse, les membres et la face ont la forme humaine. Au-dessus serpente un petit reptile semblable à un ver, ou peut-être à un aspic.

A la face du nord et à celle du sud de la porte, un aigle colossal étend ses ailes et tient dans ses serres un immense serpent replié en trois. La tête est tournée vers l'aigle et ornée d'une couronne. Toutes ces figures sont probablement des allégories, ou bien ont trait à quelques faits relatifs à la mythologie hindoue.

On distingue parmi ces ruines une statue humaine d'une taille gigantesque, ayant des bras ailés comme les chauves-souris ; et souvent cette même figure se trouve sculptée dans les bas-reliefs avec les mêmes formes fantastiques. On rencontre dans d'autres endroits des statues tenant un trident dans chaque main; d'autres ont des masques. Toutes ces sculptures, qui semblent appartenir à une autre époque que celles de Boro-Bodo, de Malang ou de Brambanan, sont exécutées avec moins d'art, moins travaillées, et paraissent être plus anciennes que les dernières.

Non loin de là, du côté sud de l'entrée, sont épars les restes de deux temples. Nous trouvâmes, en visitant l'un d'eux, des cendres d'un feu récemment allumé. Par un reste de leurs anciennes superstitions, quand les naturels du pays veulent se préserver de quelque malheur, ils ont coutume de faire du feu et de brûler des parfums dans ce temple.

L'autre bâtiment, qui est encore plus au sud, ne paraît avoir conservé des restes de sa forme pyramidale que du côté du sud-est. On y a trouvé deux inscriptions, formées chacune de quatre caractères. On voit en outre, sur la terrasse, un vase de pierre que la tradition assure ne pouvoir jamais être rempli. Sur diverses pierres sont sculptés des éléphants, un chien sur ses quatre pattes, un singe, l'étendard d'Arjouna, et deux statues gigantesques qui sont représentées plusieurs fois.

Près du village de Baniou-Kouning (eau jaune), et à quelque distance d'un cratère volcanique, est situé un tchandi ou temple qui porte le nom du village. Il est probable qu'il existe dans son voisinage des antiquités inconnues aux Européens.

Enfin on rencontre dans la province de Baniou-Wandgi plusieurs statues appartenant au culte des Hindous, qui est encore dominant dans l'île de Bali, à peu de distance de cette province.

Tous ces monuments, toutes ces ruines n'attestent pas cependant une antiquité bien reculée. Les édifices construits en pierres de taille ou en briques (ces derniers matériaux paraissent plus récents que les autres) ne remontraient pas, d'après le savant M. Raffles, aux premiers siècles de l'ère chrétienne; la fondation des plus grands pourrait être placée, selon lui, entre le vi^e et le ixe siècle de notre ère. Ainsi, d'après cette évaluation, ils appartiendraient au moyen âge, et auraient été construits par les sectateurs de Bouddha, vers l'époque où les bouddhistes eurent été vaincus et chassés du continent de l'Inde par les brahmanes.

Cependant le grand temple de Soukou, que j'ai décrit plus haut, ne paraît pas appartenir à la même époque. Cet immense monument, à forme pyramidale, dont le style sévère, simple et grandiose, est moins poli que ceux de Boro-Bodo, de Malang et de Brambanau, ne possède rien qui rappelle le culte brahminique ou bouddhiste. Il est probable qu'il est plus ancien qu'eux et qu'il se rapporte au sabéisme ou culte du soleil et des astres, culte qui a été répandu dans toutes les contrées de l'Orient, et qui existe encore dans plusieurs parties de l'Asie centrale, de l'Océanie, et d'autres contrées où l'islamisme et le christianisme n'ont pas pénétré.

CHAPITRE VII

Langue javanaise. — Ses différents dialectes. — Son origine : langue malaise. — Le djawi ou malais pur. — Comparaison de quelques mots djawi et javanais vulgaire. — Littérature malaise et javanaise. — La littérature malaise est moins riche en œuvres poétiques qu'en ouvrages en prose. — Causes de cette différence. — Jugement erroné porté par Crawfurd sur la poésie des Malais. — Rectification de ce jugement. — Les *pantous*, chants vulgaires des Javanais. — Exemples de deux pantous, l'un traduit littéralement, l'autre imité par Victor Hugo. — Les *sjaïrs* ou poëmes d'une certaine étendue. — Division des *sjaïrs* en quatre espèces : poëmes d'un caractère religieux, poëmes historiques, poëmes moraux et didactiques, poëmes épiques ou romans poétiques. — Définition et extrait de quelques poëmes religieux. — Nature des poëmes historiques. — Poëmes didactiques. — Extrait. — Poëmes d'imagination ou romans poétiques. — Analyse du *sjaïr* ou poëme de *Bidasari*, avec quelques passages imités en vers français par Mme Fraissinet.

Dès les premiers temps de mon séjour dans la colonie, je me mis à étudier la langue javanaise, qui se divise elle-même en plusieurs dialectes, mais tous se rapprochant du malayou ou langue malaise, qui se parle dans toute l'étendue des possessions hollandaises de l'archipel Indien. A Java on reconnaît deux principaux dialectes : celui de Soûnda, qui règne dans l'ancien royaume de Bantam et sur la côte opposée de Sumatra, et le *bas javanais*, qui domine dans le reste de l'île. Il y a en outre un troisième dialecte, qui s'appelle le *haut javanais*, et se parle à la cour des princes. Ce dialecte est rempli de mots sanskrits, et il s'écrit avec des caractères dérivés de ceux des Arabes.

Je n'éprouvai pas beaucoup de difficultés à apprendre et à parler ces langues ou plutôt ces différents dialectes; car la prononciation en est douce et facile, et les règles grammaticales n'en sont pas très-compliquées. Le malais ou malayou, la langue mère du javanais, est une des langues les plus étendues du globe. Elle est parlée dans l'île de Sumatra, où elle a pris naissance et où elle conserve sa pureté. On la parle aussi sur toutes les côtes des îles qui font partie de la Malaisie, dans une partie de la péninsule de Malacca, et, ce qui est encore plus extraordinaire, à Madagascar, près des côtes d'Afrique, et dans l'île

Formose, située près de la Chine et du Japon. Elle a reçu plusieurs mots sanskrits, talingas et arabes. Cette langue, aussi douce que l'italien et le portugais, est consacrée aux affaires et au commerce; elle est comme l'hindoustani dans l'Inde, la langue franque sur les côtes d'Afrique et dans le Levant, et le français en Europe.

Le langage écrit chez les Malais purs est appelé *djawi*, mot corrélatif à celui de *kawi* donné au javanais savant ou langue sacrée, qu'il ne faut pas confondre avec le haut javanais ou langue de cour, dont j'ai parlé.

Pour donner une idée à mes lecteurs des rapports et des différences qui existent entre le djawi ou malais pur et le javanais vulgaire, je vais reproduire les noms de nombre jusqu'à dix dans les deux dialectes, et j'y ajouterai quelques mots usuels. Les mots djawi suivent immédiatement les mots français et sont écrits en italique; les mots javanais sont écrits en caractères ordinaires entre parenthèses :

Un, *sa* (sidji); — deux, *dona* (lora); — trois *tiga* (telou); — quatre, *ampat* (papat); — cinq, *lima* (lima); — six, *nam* (nam); — sept, *toudjou* (pitou); — huit, *delapan* (voulou); — neuf, *sam-*

belan (sanga); — dix, *sapoulou* (sa-poulou). — Bouche, *moulout* (changkam). — Homme, *orang* (lanang et ourang). — Femme, *paran-ponan* (oudan). — Grand, *bessar* (guédé). — Langue, *lidah* (ilat). — Lune, *boulan* (woulan). — Maison, *roumah* (oumah). — Mère, *mama* (biang). — Père, *bapa* (bapak). — Œil, *mata* (mata). — Petit, *ketchil* (tchilik). — Pirogue ou barque, *prahou* (prahou) (1). — Soleil, *mata* (2) (sreng'-eughé). — Terre, *tanah* (tanah). — Tête, *kapala* (andas), etc. etc.

Je m'appliquai avec ardeur à l'étude de ces langues et dialectes divers, de sorte qu'au bout de deux à trois ans de séjour à Java et d'une excursion de six mois à Sumatra (excursion dont je parlerai plus tard), j'étais non-seulement en état de converser avec les indigènes de Java et les autres Malais, mais même de lire et de comprendre les ouvrages écrits en *djawi* ou en *kawi*.

Grâce à cette étude, et aux conseils que me donnèrent des membres de la Société des arts de

---

(1) Ce mot se retrouve dans tous les dialectes malais, avec quelques légères différences de prononciation, ce qui l'a fait écrire par les Européens tantôt prahou, tantôt proa, praôs, prôh, etc.

(2) *Mata* signifie œil et soleil, parce que le soleil est l'œil du monde.

Batavia, je pus lire avec fruit les principaux ouvrages de la littérature javanaise, et étudier cette civilisation, qui, comme toutes celles de l'Orient, était déjà fort avancée tandis que l'Occident était encore plongé dans la barbarie, mais qui, malheureusement, est restée stationnaire, et quelquefois même a rétrogradé jusqu'à la barbarie. Les chroniques javanaises, avec leurs fables merveilleuses et leur mythologie, m'offraient une étude non moins curieuse que celle des anciens monuments que j'ai décrits dans le chapitre précédent; ou plutôt elles m'aidaient à les comprendre et à les expliquer.

La littérature malaise se distingue de celle des autres peuples orientaux par cette particularité qu'au milieu d'une grande richesse d'ouvrages en prose, elle ne compte relativement qu'un très-petit nombre d'œuvres poétiques. Sans rechercher les causes qui ont pu produire cette singularité, plusieurs savants européens l'attribuent à la direction pratique de l'esprit des Malais, qui, d'un caractère hardi et entreprenant, ont de tout temps préféré les actions aux contemplations : disposition d'esprit qui s'est de plus en plus développée et fortifiée chez eux depuis leur contact avec les

Arabes, et depuis que l'introduction de l'islamisme est venue certainement s'opposer au développement de l'élément poétique parmi eux. Et cependant la poésie malaise et javanaise est vraiment digne de l'examen attentif de ceux qui s'occupent de l'étude de la langue et de la littérature indiennes, malgré le jugement qu'en ont porté plusieurs auteurs, et, entre autres, John Crawfurd, qui s'exprime ainsi à ce sujet : « On peut
« dire à juste titre de la poésie malaise, que c'est
« une rimaille pour les yeux et pour l'oreille;
« car l'imagination, la chaleur et la passion, en
« un mot, tout y manque pour faire ce qui constitue réellement la poésie. »

Ce jugement, rendu avec trop de légèreté, n'a pas peu contribué à discréditer cette poésie, que tendent à réhabiliter aujourd'hui ceux qui ont fait une étude approfondie de la langue et du style malais, et qui se sont initiés entièrement à l'esprit et au caractère de ce peuple, ce qui est un préliminaire indispensable pour en goûter convenablement les œuvres poétiques.

Ce qui a souvent trompé les voyageurs étrangers, c'est qu'ils ont pris pour unique poésie des Malais les *pantous*, espèces de chansons populaires que l'on entend dans tout l'archipel, et qui peuvent se comparer, pour le nombre des couplets, à nos vieilles complaintes, ballades et rondes populaires qui se chantent encore dans nos campagnes. Les pantous sont, il est vrai, des compositions métriques, mais qui, à proprement parler, ne peuvent être regardées comme faisant partie de la littérature malaise; car, à l'exception de quelques pantous qui sont reproduits parfois dans d'autres poëmes, les Malais eux-mêmes ne prennent pas la peine de les écrire. Ce sont des couplets ou stances de quatre vers, chacun de huit à douze ou treize syllabes, chantés ordinairement *ex tempore*, et assez souvent alternativement par deux personnes. Les deux premiers vers renferment une et même deux figures ou métaphores, qui souvent n'ont pas le moindre rapport avec les deux vers suivants, si ce n'est la rime. Le pantou, en grande faveur auprès des Malais, est dans son ensemble assez insignifiant, et même ennuyeux pour un Européen, quand on en prolonge la durée, ce qui arrive assez souvent dans le chant alternatif; c'est alors une espèce de combat de chants, dont le vainqueur est toujours sûr de recueillir les chaleureux applaudissements de son auditoire. Pour donner une idée du pantou, nous nous bornerons à traduire les couplets suivants qui se trouvent dans le sixième chant du poëme intitulé *Bidasari*, dont je parlerai tout à l'heure :

>Brillant est l'éclat d'une bague de diamants.
>Cueille les fruits du *melempari*.
>Si mon auguste prince succombe,
>Où irai-je me réfugier ?

>Cueille les fruits du *melempari*.
>L'oiseau-rhinocéros s'envole vers les rochers.
>Où irai-je me réfugier,
>Moi qui suis une étrangère, une orpheline ?

>L'oiseau-rhinocéros s'envole vers les rochers.
>Le basilic croît dans la conque du bétel.
>Moi qui suis une étrangère, une orpheline,
>J'espère dans l'amour du prince.

Voici la traduction presque littérale que M. Victor Hugo a faite d'un pantou malais fort connu, et auquel on ne saurait refuser de la grâce et un certain mouvement poétique :

>Les papillons voltigent vers la mer,
>Qui du corail baigne la longue chaîne.

Depuis longtemps mon cœur sent de la peine,
Depuis longtemps j'ai le cœur bien amer.

Les papillons voltigent vers la mer,
Et vers Bandan un vautour tend ses ailes;
Depuis longtemps, belle parmi les belles,
Plus d'un jeune homme à mon regard fut cher.

Et vers Bandan un vautour tend ses ailes ;
Ses plumes, là, tombent sur Patani.
Plus d'un jeune homme à mon cœur fut uni.
Mais tout le cède à mes amours nouvelles.

Les pantous ne sauraient être comparés aux *sjaïrs*; ces écrits sont d'une tout autre nature; ils justifient complétement le nom de poëme qu'on leur accorde, et sont dignes d'un examen particulier. Ici du moins on n'est pas choqué, comme dans les pantous, par des mots dénués de sens et des images disparates; on y rencontre, au contraire, des tableaux pleins de richesse, des comparaisons bien choisies, une innocente naïveté, une exposition simple et naturelle des faits et des événements, et l'expression vraie de ces sentiments et de ces émotions de l'âme qui charment et captivent le lecteur, du moment qu'il ne s'arrête plus aux défauts inhérents au mécanisme de la poésie. Qu'on nous comprenne bien : en parlant ici du mécanisme de la poésie, nous ne désignons pas la versification, qui est d'un rhythme aussi riche que suave; nous avons en vue les pléonasmes et les répétitions des mêmes mots que, dans différentes langues, les poëtes se permettent par amour pour la mesure et la rime.

On peut diviser les sjaïrs ou poëmes malais en quatre espèces, savoir : 1° poëmes d'un caractère religieux; 2° poëmes qui traitent d'un sujet historique; 3° poëmes moraux et didactiques; 4° poëmes épiques, ou plutôt romans poétiques.

Les poëmes d'un caractère religieux sont de deux espèces : les uns appartiennent à l'ancienne religion hindoue, les autres ont rapport au mahométisme. Disons tout d'abord de ces derniers que, considérés comme poésie, ils n'ont que peu de valeur, puisqu'ils ne contiennent que des définitions du dogme de l'islamisme. Ce n'est tout au plus que de la prose rimée, et ils ne forment qu'une faible partie de la littérature malaise. Il n'en est pas de même des poëmes sur la mythologie indienne. Nous citerons, entre autres, le *Brata-Youdha*, composé par Pouseda, en kawi, vers l'an 784 de l'ère vulgaire, ou, selon d'autres, vers 1167. Il se compose de sept cent dix-neuf stances de différents rhythmes. Les beautés de cet ouvrage peuvent être comparées avec les plus grandes compositions des Grecs, des Latins et des modernes. On y trouve plusieurs stances absolument semblables à certains passages d'Homère, de Shakespeare et de Milton; ce qui est d'autant plus extraordinaire que les Javanais n'ont jamais eu la moindre connaissance de nos grands poëtes de l'Occident.

Le tableau de la marche des enfants de Pandou; la douleur d'Arjouna (un des cinq enfants de Pandou, roi d'Astina), au moment où ce héros va combattre ses propres parents; l'épisode de la veuve de Salia, depuis le moment où un rêve lui prédit la destinée de son époux, jusqu'au moment où elle le rejoint dans les cieux, sont d'admirables morceaux de poésie.

L'ouvrage classique, intitulé *Manek-Maya*, qui renferme la mythologie des Javanais et la généalogie des dieux (*dewas*), est écrit avec une simplicité qui s'élève quelquefois au sublime. A côté de quelques monstruosités, on y trouve des descriptions comparables à tout ce que la mythologie grecque a produit de plus beau et de plus gracieux. Le poëme de *Brata-Youdha* et le *Manek-Maya* nous présentent le contraste de la cour, des rois, et de la rusticité des premiers habitants de Java, réunis en corps de nation dans la partie orientale de cette île. Ces mythes prouvent que l'esprit humain a suivi la même marche progressive au delà de l'équateur et dans nos contrées occidentales.

Nous allons citer un passage de chacun de ces deux poëmes. Voici celui de *Brata-Youdha* :

« Alors Krichna (dewa incarné) (1) donne un libre cours à sa colère; elle bouillonne dans son sein, il en éprouve toutes les fureurs; il se lève, terrible, éblouissant, semblable au tout-puissant Vichnou; son aspect réunit les forces des trois pouvoirs et des trois mondes; sur ses épaules, d'où sortent quatre bras, s'élèvent trois têtes et trois doubles yeux.

« Le pouvoir et la majesté de chaque dieu entrent dans sa personne.

« Son corps grandit, sa poitrine pousse des

---

(1) Dieu incarné.

rugissements terribles comme ceux du lion. Alors la terre tremble dans ses fondements, les cimes des montagnes s'ébranlent et se heurtent; les vagues de la mer se soulèvent comme les plus hautes collines, et s'entr'ouvrent comme des abîmes; les monstres des mers sont jetés sur le rivage.

« Aussitôt l'épouvante s'empare du cœur des cent *kourawas* (fils de Drutarata, roi d'Astina); ils sont immobiles et silencieux; leur regard est pâle, effaré; Kerna lui-même semble pétrifié; Souyondana et Youyousta tombent d'effroi; on les croirait sans vie et sans volonté.

« *Drouna* et *Bisma*, et le bon Pandita-Narada (un saint et aussi un savant), se mettent en prière, et jettent des fleurs odoriférantes devant le dieu, en lui disant :

« N'êtes-vous donc pas le dieu du jour? ne
« soyez pas le dieu de la destruction. Ayez pitié
« de ce monde et de ce qu'il renferme. »

Voici un passage du *Manek-Maya*, dont les premiers mots semblent une réminiscence du commencement de la Genèse :

« Avant que les cieux et la terre fussent créés,

« *Sang-yang-wisesa* (le Tout-Puissant) existait.
« Cette divinité était placée au centre de l'uni-
« vers; elle désira intérieurement que le régula-
« teur suprême lui accordât un souhait. Aussitôt
« tous les éléments se heurtèrent, et il entendit
« au milieu d'eux une répétition de sons sem-
« blables au battement rapide d'une cloche. Il leva
« les yeux, et il vit un globe suspendu au-dessus
« de sa tête; il le prit et le sépara en trois par-
« ties; une partie devint les cieux et la terre,
« une autre partie devint le soleil et la lune, et
« la troisième fut l'homme ou Manek-Maya.

« La volonté de Sang-yang-wisesa ayant été
« accomplie, il voulut bien parler à Manek-Maya,
« et lui dit : Tu seras appelé *Sang-yang-gourou;*
« je place une entière confiance en toi; je te donne
« la terre et tout ce qui en dépend, afin que tu
« en uses et que tu en disposes selon ton plaisir. »
Après ces paroles le Tout-Puissant disparut.

Les poëmes historiques ne sont pas très-nombreux. Du reste, ce ne sont que des chroniques
rimées, auxquelles il semble qu'on n'a donné cette
forme que pour graver plus facilement les faits
dans la mémoire.

Les poëmes moraux et didactiques ne se distinguent pas par une grande richesse de poésie; d'ailleurs la nature du sujet s'y prête fort peu; mais cette absence de beauté poétique se compense par la vérité des idées et la force des maximes.

Voici un extrait d'un poëme de ce genre, intitulé *Jaya-Langkara*, ouvrage d'une haute antiquité, qui indique les qualités morales que doit s'efforcer d'acquérir un jeune gentilhomme javanais, et qui prescrit ensuite la manière dont il doit se vêtir :

« Un jeune homme d'une naissance distinguée
« se reconnaît aux qualités suivantes. Son cœur
« et son esprit seront calmes et tranquilles. Il
« saura réprimer ses passions, et se taire quand
« il le faut. Jamais il ne dira une fausseté; il ne
« craindra point la mort, il sera exempt d'or-
« gueil, et sa dévotion consistera à secourir les
« malheureux. Il exécutera promptement ce qu'il
« entreprendra, et pénètrera doucement les in-
« tentions des autres; il sera toujours discret,
« actif et intelligent. Lorsqu'il rencontre un homme
« instruit, il doit s'attacher à lui comme à un

« ami, et ne point le quitter avant d'en avoir
« acquis tout ce qu'il est possible d'en apprendre.
« Aussi longtemps qu'il vivra, il doit avoir soif
« de connaissances; son langage sera doux et
« cultivé; et il faut que son aspect et sa taille
« soient sans défauts; sa contenance doit être
« aimable et semblable à celle de *Batara-asmara*
« (le dieu créateur), quand il descend sur la
« terre; et lorsqu'on le regarde, il doit faire
« naître cette pensée : *Combien il sera grand dans*
« *la guerre!*

« Il portera un *chelana-chindi* avec un *dodot*
« vert foncé; sa ceinture sera d'or; son kriss aura
« une gaîne de *satrian* et une poignée *tunggaksmi*.
« Le *soumping* (espèce de fleur artificielle qui
« pend sur les oreilles) sera d'or et à la manière de
« *soureng-peti* (brave à la mort), et il portera
« une bague d'or au pouce de la main droite. »

Les romans poétiques ou poëmes du genre romantique sont certes les plus nombreux. On connaît le goût des Orientaux pour les contes, les récits merveilleux, les aventures imaginaires et fantastiques. Les Javanais et les Malais, en général, ne sont pas restés au-dessous des Arabes et des

Hindous, auxquels du reste ils ont emprunté ce genre de littérature. On cite, entre autres, le sjaïr *Kin-Tambouhan*, le sjaïr *Bidasari*, le sjaïr *Salimbari*, le *Chant sur le poisson Tembra*, le *Chant de l'oiseau en cage*, etc., qui, par leur véritable mérite littéraire, se placent bien au-dessus de toute autre espèce de poésie malaise.

Voici l'analyse succincte du sjaïr *Bidasari*, avec quelques passages imités en vers français par Mme F.-L. Fraissinet.

Dans le premier chant, le poëte introduit ses lecteurs dans la cour du sultan de *Kembajat*. Il dépeint le bonheur de ce prince aussi puissant que sage et juste; mais tout à coup un terrible événement vient jeter le trouble et l'épouvante dans sa capitale. Un *garouda* (1) a déployé sur le palais du roi ses ailes comme un présage d'affreux

---

(1) Le garouda est un monstre mythologique qui, suivant les Malais, a quatre pattes armées de longues serres, et les ailes et le bec d'un oiseau. Suivant eux, ce monstre ravage les villes et les campagnes, tue les hommes et leur crève les yeux; il est pour le peuple le présage et la cause des plus affreuses calamités. Aussi n'est-il point étonnant pour les Malais, qu'à l'apparition de ce monstre un prince abandonne tout ce qu'il possède, se hâtant de prendre la fuite. Ils doivent cette croyance populaire, ainsi que tant d'autres fictions de leur mythologie, aux Hindous, chez lesquels le garouda est l'oiseau monté par le ur dieu Vichnou.

malheur; son apparition a porté la crainte et la consternation dans tout le pays, et contraint le sultan à abandonner avec sa femme le siége de son empire. Des mois entiers ils errent tous deux dans les déserts. La princesse se trouve dans une situation où la fatigue et les privations augmentent encore sa faiblesse. Harassée, épuisée, elle se traîne sur les bords d'une rivière, et là elle devient mère d'une fille, le premier fruit de cet hymen. Cet événement, qui dans d'autres circonstances eût réjoui ces deux époux, aujourd'hui, à la pensée des souffrances et de la misère contre lesquelles ils ont à lutter, change cette joie en une douleur amère. Ce serait un acte de courage impossible, une affreuse cruauté que d'entraîner cette faible créature dans leur fuite, de lui faire partager les périls de leur marche à travers les forêts et les déserts. Ils déposent leur enfant sur les bords de la rivière. Rien de plus touchant que la scène où ces parents se séparent de cette innocente créature; rien de plus pathétique que l'expression de la douleur de cette mère, qui aime mieux mourir que d'abandonner son enfant, et rien de mieux traité et avec plus d'art et d'intérêt que la lutte intérieure du père entre le désir de rester auprès de sa fille, et sa conviction qu'il vaut mieux pour le bonheur de tous que l'enfant soit abandonnée aux soins des autres. Il s'arrête à cette dernière pensée, arrache son épouse à cette scène de douleur, la soutient dans sa marche chancelante, et tous deux, la tête baissée, le cœur brisé, ils poursuivent leur longue route à travers le désert.

Au commencement du second chant, nous trouvons la description de la demeure et des propriétés considérables d'un riche marchand, nommé Lila Djouhara, qui habite la ville d'*Indrapoura*. Le luxe de sa maison est éblouissant; il jouit de l'estime et de la considération de tous les habitants de la ville; mais une chose manque à son bonheur, il n'a pas d'enfants. Un matin, il se promène avec sa femme sur les bords de la rivière qui coule aux environs de la ville; ils entendent les cris d'un enfant nouveau-né; ils volent à lui, trouvent une petite fille de la plus grande beauté, l'emportent dans leur maison, lui donnent le nom de *Bidasari*, l'élèvent comme leur propre fille et lui prodiguent tous leurs soins. Bidasari répond à la tendresse de ses parents adoptifs, et devient avec les années une jeune fille accomplie.

Le roi de la ville d'Indrapoura, qu'habite ce marchand, avait épousé une jeune et belle femme. Le cœur de cette princesse était en proie aux passions les plus violentes. Fière de sa beauté, elle dominait le cœur de son mari, toujours prêt à obéir en esclave à ses moindres caprices. Elle épiait sa vie avec des yeux d'Argus; la crainte qu'il pût un jour faire choix d'une seconde épouse, excitait en elle tous les tourments de la jalousie. La peinture du caractère de cette femme est pleine de chaleur, de force, et n'a rien d'exagéré. L'état social des femmes chez les Malais donne lieu au fâcheux développement de semblables caractères. Un jour, elle essaie de pressentir son époux sur la pensée d'un second hymen, et elle entend qu'il lui répond : « Si je trouve une femme dont la naissance et la beauté soient égales à la vôtre, je vous la donnerai pour compagne. » A ces mots, la jalousie avec toutes ses fureurs s'élève dans le cœur de la princesse. Elle donne ordre à ses fidèles serviteurs de chercher dans toute la ville s'il existe une femme capable de lui disputer le prix de la beauté. Après de longues et vaines recherches, ils découvrent enfin Bidasari, douée de toutes les séductions d'une beauté parfaite. Voici quelques passages du portrait qu'ils en tracent à leur maîtresse :

> De la fille d'un roi son port a la noblesse,
> Et, dès qu'elle paraît, s'éloigne la tristesse.
> Son sourire est plus doux que le miel, et sa voix,
> A celui qui l'entend pour la première fois,
> Ordonne de l'aimer pour toujours, sans partage.
> Qui pourrait de ses yeux exprimer le langage?
> Semblables au bétel, ses beaux cheveux bouclés
> Couronnent son front pur, de fleurs entremêlés...
> . . . . Tout en elle vous touche,
> Sa parole, son geste aimable et caressant,
> De sa douce gaîté le charme intéressant;
> Enfin Bidasari porte en elle, Madame,
> Tout ce qui peut charmer et conquérir une âme.

Dans sa fureur jalouse, la reine veut à tout prix se défaire de cette rivale présumée, avant même que son mari soupçonne l'existence d'une pareille femme. Par différents artifices, elle parvient à attirer cette jeune fille auprès d'elle. Elle assouvit sa vengeance sur cette infortunée, qu'elle torture et martyrise pendant sept jours avec une inhumanité inouïe; puis, quand elle croit n'avoir plus qu'un cadavre sous ses yeux, elle la renvoie à la demeure de ses parents. A la vue de cet épouvantable spectacle, ils s'abandonnent à la plus vive douleur. Voici en quels termes ce passage a été traduit ou plutôt imité en vers français par Mme Fraissinet, qui a également traduit le passage précédent :

O comble de douleur, de peine et de misère !
Spectacle déchirant pour le cœur d'une mère !
Quoi ! notre enfant chéri, notre enfant adoré,
Le voilà sous nos yeux, meurtri, défiguré !
Hélas! à mes soupirs son œil reste insensible,
Son cœur à mes tourments demeure inaccessible,
Et sa voix ne peut plus apaiser ma douleur...
D'un père qui t'adore, ah! connais le malheur !
O ma Bidasari ! je te vois immolée
A la haine jalouse et trop dissimulée
D'une reine barbare, indigne de ma foi.
La parole donnée est pour tous une loi ;
Elle a trahi pourtant la tendresse d'un père
Et, par un crime affreux, comblé notre misère.
O malheureuse enfant! quoi, tu n'as pu toucher
Ce monstre qui te sut de mes bras arracher ?
Hélas! ton doux regard, ton geste, ta parole,
Pour toujours sont perdus! Plus rien qui me console!
Pas un souffle de vie en ton sein n'est resté !
Où sont les temps heureux de ta folle gaîté,
Lorsque de mes vieux jours tu charmais la tristesse,
Et que sur mes genoux tu te jouais sans cesse ?

C'en est fait! ils ont fui pour ne plus revenir,
Et j'en aurai bientôt perdu le souvenir.
Tu ne me réponds pas! Bidasari! ma fille!
Hé quoi! tu n'entends plus les pleurs de ta famille?
Tu n'as point de pitié pour mes vives douleurs?
Eh bien! à tes côtés, Bidasari, je meurs!

Cependant les parents s'aperçoivent que la victime donne encore quelques signes de vie. Tous les secours lui sont à l'instant prodigués, et Bidasari est enfin rappelée à la vie. Mais ses parents adoptifs sont encore en proie à de mortelles angoisses. Pour soustraire Bidasari aux persécutions d'une reine puissante, ils font construire, loin de la ville, une habitation dans laquelle ils conduisent leur enfant pour la dérober à tous les regards.

Dans le troisième chant, le roi d'Indrapoura, étant à la chasse, découvre par hasard la demeure où est cachée Bidasari. Il s'étonne de trouver un nouveau bâtiment que jusqu'ici il n'a point encore aperçu dans cette partie de la forêt; il y entre, et trouve Bidasari, dont il admire la ravissante beauté; il l'interroge sur la cause de son séjour dans cette solitude. Bidasari, sans se douter que c'est au roi qu'elle s'adresse, lui raconte sa déplorable aventure. Une juste colère s'empare du prince, en apprenant la cruauté de la reine; il compare la douceur et la grâce enchanteresse de Bidasari à la fureur jalouse de sa première femme, et sa résolution est bientôt prise. Il retourne à la ville, accable la reine de reproches, la répudie pour sa femme; il demande Bidasari en mariage à ses parents adoptifs, et, au milieu des acclamations joyeuses de son peuple, il conduit sa nouvelle épouse dans un nouveau palais qu'il a fait construire pour elle.

Le quatrième chant nous ramène dans la ville de Kembajat, où s'est passé le premier épisode du poëme. Après avoir erré dans les déserts pendant plusieurs années, le roi est de retour dans son empire, et il occupe de nouveau le trône de ses pères. Mais jour et nuit il déplore avec la reine la perte de leur fille, qu'ils ont été forcés d'abandonner dans des circonstances si douloureuses. Il est vrai, un fils leur est né, qui est l'honneur et l'orgueil de ses parents; mais ce bonheur ne saurait leur faire oublier leur premier enfant. Le jeune prince comprend leur douleur, et prend la résolution d'aller à la recherche de cette enfant si amèrement pleurée. Arrivé à Indrapoura, sa ressemblance avec Bidasari frappent plusieurs personnes, et bientôt il reconnaît que la fille adoptive de Lila Djouhara, maintenant l'épouse du roi, est sa sœur, trouvée autrefois sur les bords mêmes de la rivière où ses parents avaient été forcés de l'abandonner. Ce chant est terminé par l'entrevue du frère et de la sœur, la félicité de Bidasari, l'amitié et la tendresse qu'elle et le roi témoignent au jeune prince de Kembajat.

Au commencement du cinquième chant, le prince annonce qu'il désire retourner auprès de ses parents pour leur faire partager la joie qu'il éprouve d'avoir retrouvé sa sœur. Mais le roi et Bidasari ne veulent pas le laisser partir; ils le décident à rester avec eux, et à envoyer un message pour annoncer cette heureuse nouvelle à ses parents et les engager à venir s'assurer par eux-mêmes du bonheur de leur fille.

Dans le sixième chant, cette nouvelle arrive à Kembajat. Les parents se livrent à des transports inexprimables; ils se mettent en route sur-le-champ, et arrivent à Indrapoura. Leur entrevue avec cette fille qu'ils ont tant pleurée donne lieu à la scène la plus touchante, rendue par le poëte avec beaucoup de verve et de sensibilité. De nombreuses fêtes célèbrent ce joyeux événement. On fait voile vers l'île de *Nousa-Antara* pour y jouir pendant quelque temps de nouveaux plaisirs. Un jour que le jeune prince de Kembajat est à la chasse, il s'égare dans la forêt, et trouve dans un palais enchanté la princesse Mandoudari, que le génie malfaisant Isriet y retient enfermée. Dans un combat qu'il lui livre, il est vainqueur d'Isriet, et il ramène en triomphe la belle princesse qu'il a délivrée et dont il devient l'époux. Ce dernier épisode ressemble à un conte des *Mille et une Nuits*, ou à quelque légende de nos anciens romans chevaleresques.

Telle est l'analyse de ce poëme, ou plutôt de ce roman, qui renferme plusieurs passages réellement remarquables par la supériorité de leur forme poétique sur les autres parties du récit, qui, bien qu'irréprochable si on le considère comme un roman de la littérature malaise, ne se distingue en général de la prose ordinaire que par le rhythme et la rime. Cette œuvre doit un de ses principaux mérites, du moins aux yeux des Malais, aux nombreuses et brillantes descriptions de magnifiques ornements, de palais de rois et de cortéges solennels. Nous allons en donner pour exemple la description du cortége du roi de Kembajat, lorsqu'il se rend à Indrapoura pour aller à la rencontre de sa fille. La traduction est presque littérale.

« Le roi réunit les grands de sa cour, vieux et
« jeunes, et rassemble ses guerriers, ses coursiers
« et ses éléphants. Tout fut prêt en sept jours,
« et sous les plus heureux auspices le prince se
« met en route. La clarté des étoiles n'avait pas
« encore pâli, que déjà le *gong* avait retenti et
« s'était fait entendre à plusieurs reprises. Le
« cortége s'avance joyeux, avec les grands de la
« cour et les héros. Leur tête est couverte de
« casques étincelants ; à leur main brillent leurs
« sabres nus, et ils forment ainsi l'armée du roi.
« Les drapeaux et les bannières se déploient en
« tête du cortége. Les lances et les boucliers s'a-
« vancent par rangs ; on dirait d'une ville ambu-
« lante. Les sabres et le fer des lances brillent
« comme une île au milieu de la mer. C'est ainsi
« que se montre et se déploie le cortége qui ac-
« compagne le roi. Le prince monte un superbe
« éléphant, et son porteur de siri est à côté de lui.
« Le parasol royal, orné de clochettes, est étendu
« au-dessus de la tête du roi. Le *genderang*

« le *serouni* et le *nafiri* (1) font retentir sans
« relâche leurs bruyants accords. C'est ainsi que
« le roi sort de la ville entouré de tous les grands
« de son empire. »

(1) Le *yong*, le *genderang* sont des instruments à percussion; le *serouni* et le *nafiri* sont des instruments à vent. J'en parlerai en détail à l'occasion du théâtre et de la musique chez les Javanais.

CHAPITRE VIII

Voyage à Djokjokarta et Sourakarta. — Débris de l'empire de Mataram partagés entre deux souverains, le sousounan et le sultan. — Titres de ces princes. — Départ pour Sourakarta. — Samarang. — Route de Samarang à Sourakarta. — Villages javanais. — Mœurs des habitants. — Aspect de Sourakarta. — Description du palais ou kretan de l'empereur. — Habitation des gens du peuple. — Ameublement des personnes de distinction. — Excursion à Djokjokarta. — Garde du sultan et de l'empereur. — Ma liaison avec un capitaine (*sourâh*) de la garde de l'empereur. — Costume des personnes de haute distinction. — Costume de cour. — Costume de ville. — Costume d'intérieur. — Costume des dames. — Amusements des Javanais. — Danses. — Théâtres. — Compositions dramatiques des Javans. — Compositions nommées *topeng*; manière dont les pièces sont représentées. — Sujets ordinaires de ces pièces. — Les aventures de Pandji. — Représentation appelée *wayang* ou scènes ombrées. — Différentes espèces de *wayangs*. — *Wayang-pourwa*. — *Wayang-gedog*. — *Wayang-klitik*. — Fonctions du *dalang*. — Importance de cette profession. — Instruments de musique en usage dans les orchestres ou galaman de Java. — Conte malayou.

Il y a encore un autre genre de littérature fort goûté des Malais et des Javanais en particulier :

ce sont les compositions dramatiques. Ces compositions ne sont pas écrites, que je sache; du moins je n'en ai jamais lu; seulement j'ai assisté à différentes représentations théâtrales, lors d'un voyage que je fis dans les résidences de Djokjokarta et de Sourakarta. Je vais raconter cette excursion, ce qui me donnera l'occasion de parler du théâtre javanais, ainsi que d'un grand nombre de faits curieux relatifs aux usages et aux mœurs de ce peuple.

Depuis longtemps je désirais visiter la partie de l'île de Java encore soumise, du moins de nom, aux princes indigènes; parce que dans ce pays-là les peuples, se trouvant moins en contact avec les Européens qu'à Batavia et dans les grandes villes du littoral gouvernées directement par les Hollandais, devaient avoir mieux conservé leurs mœurs primitives. Enfin, deux ans après mon arrivée à Batavia, une occasion se présenta de faire ce voyage, et je la saisis avec empressement. Un détachement de soldats de mon régiment devait être envoyé dans ces deux résidences pour relever ceux des militaires européens qui faisaient partie de la garde de l'empereur et de celle du sultan, et dont le temps de service était expiré.

L'officier chargé de conduire ce détachement tomba malade la veille du départ; je demandai avec instance de le remplacer, ce qui me fut accordé sans difficulté. Dès le lendemain nous nous mîmes en route.

Ces deux résidences de Djokjokarta et de Sourakarta ne sont aujourd'hui que deux petites provinces, dont la population est inférieure à beaucoup de nos départements français. En effet, Djokjokarta ne compte qu'environ trois cent cinquante mille âmes, et Sourakarta, un peu plus de cinq cent mille. C'est tout ce qui reste du grand empire de Matarem, qui, au xv° siècle, dominait toute l'île de Java.

A la suite de la guerre terminée en 1755, la compagnie hollandaise des Indes orientales partagea ce résidu de l'empire entre deux princes descendant des anciens empereurs; à l'un, elle conserva le titre de *sousounan* ou d'empereur, et fixa sa résidence à Sourakarta; elle donna à l'autre le titre de sultan de Djokjokarta, et fixa sa résidence dans cette ville. Le sousounan et le sultan essayèrent bien à diverses époques, notamment en 1812, pendant l'occupation anglaise, de recouvrer leur indépendance; mais le retour des Hollandais à Java les réduisit bientôt sous le joug, qu'ils n'ont plus essayé de secouer. Du reste, le gouvernement hollandais a voulu dorer leurs chaînes ; il leur paie une forte pension, il leur laisse étaler tout l'appareil et le luxe des cours orientales, il leur donne officiellement les titres les plus pompeux, et il orne leur poitrine de décorations. Ainsi tels sont les titres que portaient ces deux princes à l'époque de ma visite dans leurs États ; le premier, Son Altesse le sousounan (ce mot signifie l'envoyé de Dieu) de Sourakarta, pakou, bouwono, senopati, ingalogo, ngabdur, rachman, saydin, Panotogomo VII, commandeur de l'ordre du Lion néerlandais ; et le second, Son Altesse le sultan de Djokjokarta, hamankou, bouwono, senopati, ingalogo, ngabdur, rachman, saydin, Panotogomo Kalifatolah V, commandeur de l'ordre du Lion néerlandais.

Tout cet étalage de titres javanais, auxquels se trouve si bizarrement accolé l'ordre du Lion néerlandais, peut se traduire à peu près par auguste, redoutable, seigneur de la guerre, soleil éclatant, etc. etc. C'est ainsi qu'à l'époque de la décadence de l'empire romain les successeurs des Césars multipliaient les épithètes honorifiques en tête de leurs édits, *Pius*, *Felix*, *Invictus*, *Triumphator*, *semper Augustus*, etc., quand leur puissance s'étendait à peine au delà des murailles de Rome, et que le reste de l'Italie était au pouvoir des barbares. Mais laissons ces réflexions qui pourraient nous mener trop loin, et revenons à mon voyage.

Il y a plus de quatre cents kilomètres en ligne directe de Batavia à Sourakarta, où nous devions nous rendre en premier lieu; cette distance par la route de terre eût été augmentée au moins d'un tiers, à cause des nombreuses sinuosités qu'elle est obligée de faire dans la partie montagneuse de son parcours. Aussi nous fit-on embarquer à Batavia sur un bateau à vapeur qui nous transporta à Samarang, d'où nous n'eûmes plus que cent kilomètres environ à faire par terre pour arriver à Sourakarta.

Samarang, qui occupe le troisième rang dans la classification des villes de Java, possédait autrefois un très-beau port; mais aujourd'hui la mer l'a tellement ensablé, qu'il est devenu impraticable pour les navires d'un fort tonnage. C'est à peine si notre bateau put se frayer un passage à travers le chenal étroit qui existe entre les bancs de sable. Nous débarquâmes sans accidents. Nous ne fîmes qu'un très-court séjour dans cette ville, ce qui ne contraria personne d'entre nous; car Samarang passe pour être plus insalubre que l'ancienne Batavia, et les souvenirs des ravages qu'y a faits le choléra en 1819 et en 1823 étaient loin d'être effacés de notre mémoire, et augmentaient le désir que nous avions de nous éloigner de cette ville.

La route de Samarang à Sourakarta est bien entretenue et bien tracée. Mais, comme elle traverse un pays de montagnes, elle fait souvent des détours, ce qui n'empêche pas quelques pentes d'être assez rapides. Du reste, cette route est très-pittoresque, et à mesure qu'on s'éloigne du rivage de la mer, et qu'on s'élève dans la région montagneuse, on respire un air plus pur et plus frais, qui semblait donner des forces et de la gaieté à mes hommes.

Nous nous arrêtâmes, pour notre première étape, au village de Baniou-Kouning, où l'on me fit remarquer un tchandi ou temple dont j'ai parlé précédemment.

A mesure que nous avancions, le pays devenait plus intéressant et plus pittoresque. Les villages étaient plus rapprochés, et une population plus nombreuse annonçait la richesse du sol et la salubrité du climat. Les habitations rurales ne sont jamais isolées, mais agglomérées les unes à côté des autres de manière à former un dessa ou village, dont l'étendue varie en raison de la fertilité des terres qui l'environnent, et surtout l'abondance des eaux; car les mahométans, étant obligés de faire plusieurs ablutions par jour, tiennent à fixer leurs habitations dans le voisinage des cours d'eau. La population d'un dessa n'est guère moindre de cinquante habitants, et n'excède pas deux cents.

Tous les villages que nous rencontrions étaient plantés d'arbres utiles et cachés sous le feuillage de la plus belle et de la plus épaisse végétation. A une faible distance en dehors, nous n'apercevions que des amas de verdure de la plus grande fraîcheur, et l'on pouvait facilement s'imaginer n'avoir devant soi qu'une admirable solitude parsemée de délicieux bosquets.

On retrouve dans ces campagnes les mœurs simples des anciens patriarches. Chaque dessa forme une communauté qui a ses fonctionnaires et son chef, et quelquefois une mosquée et des prêtres.

À mesure que nous approchions de Sourakarta, le paysage devenait plus pittoresque; l'air plus pur et plus frais était embaumé par mille fleurs odorantes. Tantôt nous traversions une plaine couverte de riz, de coton, de café, de végétaux de toute espèce; tantôt nous montions sur des collines, d'où nous voyions de limpides ruisseaux former de petites cascades à l'ombre de forêts épaisses. Çà et là, des grottes naturelles offraient une fraîcheur délicieuse. En s'élevant plus haut, la vue planait dans le lointain sur la mer, et plus près sur des rochers et des volcans dont la fumée nuançait l'azur d'un ciel tranquille.

Enfin nous arrivâmes en vue de la résidence du grand sousounan; cette ville, à laquelle on donne une population de cent mille âmes, n'est, à proprement parler, qu'une réunion de villages; car elle se compose de groupes de maisons toutes entourées de jardins. Les rues sont propres et régulières. Une grande place carrée, ouverte de toutes parts, est disposée au milieu de la ville. D'un côté se trouve une mosquée, de l'autre le palais de l'empereur.

Ce palais est appelé *kadatan* ou *kratan*, contraction de *ka-datou-nan* (demeure du prince).

La partie intérieure est appelée *dalem*. Le kratan du sousounan offre à l'extérieur l'aspect d'un vaste carré de hautes murailles, semblables à nos remparts, entouré d'un fossé et garni de canons. Une large place vide, terminée par des barrières, est ouverte devant la façade principale : on l'appelle *aloun-aloun*. C'est sur cette place qu'ont lieu les combats d'animaux, les revues, les exécutions, etc. Le kratan du sousounan n'a pas moins de quatre kilomètres de circuit. Un large escalier est placé d'un côté de l'aloun-aloun, c'est-à-dire à l'entrée principale. Au sommet du kratan se trouve une plate-forme appelée *setingel*, sur laquelle le souverain va s'exposer aux regards du peuple. Les *pangerans* (princes de sa famille) et sa noblesse sont rangés sur les marches au-dessous de lui. Cette plate-forme est en quelque sorte le trône où il paraît investi de l'autorité suprême. Au centre de l'aloun-aloun, et sur le front de la plate-forme du setingel, sont plantés deux arbres majestueux de la famille des figuiers : ce sont deux *vareigners*. C'est, depuis les premiers temps de l'histoire de Java, l'indication ordinaire de la résidence royale.

La principale porte du kratan est appelée *bro-*

jonolo. On entre d'abord dans une grande cour, à la suite de laquelle est une autre cour, ayant également une porte, puis une place carrée. Au centre de cette place est construite une vaste galerie ouverte, élevée sur un double rang de piliers et richement décorée de peintures et de dorures, à laquelle on donne le nom de *mendopo* ou *bangsal*..D'un autre côté de la place il y a, en outre, deux autres mendopos de moindre grandeur, réservés aux pangerans avant l'audience du souverain, et, de l'autre côté, est placé l'appartement de ce dernier. Les lambris de ces mendopos sont remarquables par leur éclat et leur magnificence : ils sont ornés de dessins représentant plusieurs carrés dont les aires diminuent progressivement les unes dans les autres. Ce genre d'ornement est particulier à Java; il se rapproche, m'a-t-on dit, de l'architecture de la Birmanie et de Siam.

Les dispositions des principales villes de province sont à peu près les mêmes. Les palais des chefs et de la noblesse sont distribués comme ceux du monarque. La mosquée est bâtie sur l'un des côté de l'aloun-aloun.

Pendant mon séjour à Sourakarta, j'ai eu plusieurs fois occasion de visiter la demeure des habitants des diverses classes de la société. Les habitations du peuple sont meublées avec une grande simplicité. Les lits, dont la forme est la même que celle de nos canapés, se composent d'une natte fine et d'oreillers recouverts d'étoffes coloriées. Les Javanais ne font usage ni de tables ni de chaises; ils prennent leurs repas assis sur une natte, les jambes croisées. Les aliments, placés dans de petits vases de cuivre ou de porcelaine commune de Chine, sont servis sur un grand plat de cuivre ou de bois. On n'y porte que la main droite, selon la coutume des musulmans, et l'on n'y touche qu'avec un doigt et le pouce. On fait rarement usage de la fourchette et du couteau; on ne se sert de la cuiller que pour prendre les liquides.

L'ameublement des personnes de distinction est plus somptueux. Leurs habitations sont garnies de nattes, de tapis, de piles d'oreillers et de lits. A Sourakarta et à Djokjokarta, on ne voit pas les grands se servir de meubles européens; mais dans les provinces administrées directement par le gouvernement hollandais on fait usage de miroirs, de tables et de chaises. Les Javanais ont adopté cet usage pour recevoir les Européens; ensuite les chefs indigènes en ont fait un objet de luxe. La plupart de leurs maisons sont disposées en chambres, dont quelques-unes sont entièrement meublées à l'européenne, pour recevoir les chefs du gouvernement.

En arrivant à Sourakarta, je remis au commandant militaire les hommes que j'avais amenés pour cette destination, et après quelques jours de repos je conduisis le reste du détachement à Djokjokarta, où il fut incorporé dans la garde hollandaise du sultan. Je ne restai que quelques jours dans cette dernière ville, qui est à peu près de la même étendue et aussi peuplée que Sourakarta. Ces deux capitales d'un empereur et d'un sultan ne sont pas à plus de soixante kilomètres l'une de l'autre. La garde de chacun de ces souverains ne se compose aujourd'hui que d'un millier d'hommes de troupes indigènes, et de trois à quatre cents Européens, le tout obéissant aux ordres d'un commandant hollandais. Cette garde n'a pas d'autres fonctions apparentes que de veiller à la sûreté du prince, de l'escorter quand il lui prend fantaisie de sortir de son palais, et de lui rendre tous les honneurs dus à son rang;

mais la garde européenne a de plus pour but de maintenir le gouvernement de l'empereur et du sultan dans la dépendance de l'autorité néerlandaise, et de veiller à la rentrée des tributs dus au suzerain, c'est-à-dire au roi de Hollande.

Autrefois, sous le gouvernement indigène, toute la population mâle en état de porter les armes était soumise au service militaire; aujourd'hui on se contente du nombre nécessaire pour le maintien de l'ordre. Ces soldats, chargés uniquement de la police, sont sous les ordres du *raden adipati* ou premier ministre, qui a dans ses attributions la police de l'empire. Du reste, ces deux résidences jouissent d'une position paisible et assez fortunée. Le peuple y est tranquille, et les crimes y sont extrêmement rares.

En partant de Batavia, j'avais reçu des lettres de recommandation d'un officier indigène attaché à l'armée néerlandaise, et avec qui je m'étais lié par l'intermédiaire du docteur Weelkaer. Ces lettres étaient adressées à Ismaël Kayam, *lourah* (capitaine) de la garde du sousounan. Cet officier me reçut avec une hospitalité des plus affectueuses. Je trouvai chez lui, non-seulement la table et le logement, mais de ces attentions délicates que l'on est étonné de rencontrer dans une civilisation si différente de la nôtre. Une particularité assez remarquable, qui parut contribuer surtout à notre liaison, ce fut ma qualité de Français, qu'il avait connue par la lettre de son ami. « Je suis très-content, me disait-il, de faire la connaissance d'un Français; je n'en ai jamais vu, mais j'en ai souvent entendu parler, ainsi que du grand empereur Napoléon, dont la puissance s'est étendue pendant quelque temps jusqu'à Java. — Est-ce que vous avez été un des guerriers de ce grand conquérant?

— Non, répondis-je en souriant; j'étais trop jeune alors. » Je ne jugeai pas à propos de lui expliquer les autres motifs qui m'auraient empêché, même quand j'aurais eu l'âge, de servir sous Napoléon; il ne m'aurait peut-être pas compris. Je n'en étais pas moins fier de voir le nom français en honneur dans ces contrées lointaines, et je m'efforçai de gagner sa confiance et de mériter par mes procédés la bonne opinion qu'il avait conçue de moi à cause de ma nationalité. Nous devînmes donc en peu de temps les meilleurs amis du monde, et, grâce à lui, j'appris plus de détails sur la vie intérieure, les usages, les mœurs et la langue des Javanais, pendant les trois mois que je restai à Sourakarta, que je n'en avais appris depuis trois ans que je résidais à Batavia.

Ismaël voulut m'accompagner dans mon excursion à Djokjokarta. Il me fit parcourir la ville et m'introduisit dans le palais du sultan (dans la partie, bien entendu, que les étrangers peuvent visiter); mais comme ce palais ainsi que la ville ressemblent presque en tout à ceux de Sourakarta, je les passerai sous silence afin d'éviter les répétitions. Nous revînmes ensemble à la capitale de l'empire du sousounan, et dès le lendemain je recommençai avec mon cicerone mes études ethnographiques. Je m'occuperai d'abord du costume, quoique j'en aie dit déjà quelque chose ailleurs; mais je n'ai parlé que de l'habillement du peuple, et ici je vais décrire le costume de cour et celui de la noblesse dans son intérieur.

Les personnes de haute distinction ont deux espèces de costumes : celui de guerre et celui de cour. Le costume militaire se compose en partie d'un pantalon appelé *chelana*, et de trois kriss, dont le premier a été acquis par l'officier qui le porte, le second provient de ses ancêtres, et le troisième lui a été donné par le père de son épouse au moment de son mariage. Deux de ces poignards sont placés aux deux côtés de la ceinture, et le troisième par derrière. Une épée est suspendue au côté gauche avec un baudrier. La partie supérieure du corps est vêtue d'une espèce de veste à manches étroites, ouverte sur la poitrine; la tête est coiffée d'une manière de casque, ou plutôt de casquette assez semblable à celle des jockeys.

Le costume de cour laisse à nu les épaules, les bras et tout le torse jusqu'à la ceinture. La tête est couverte d'un bonnet imité des Arabes, appelé *koulouk*, et qui fut introduit par un sultan; il est blanc ou d'un bleu clair. Ils portent un kriss seul au côté droit, et au côté gauche un instrument tranchant semblable à un couteau, appelé *wedung*, dont les paysans se servent pour couper le bois et l'herbe; cet instrument signifie que la personne qui le porte est prête à couper les arbres et l'herbe, lorsque son souverain lui en donnera l'ordre. Toute la partie du corps qui se trouve découverte est frottée de poudre blanche ou jaune brillante. Le souverain lui-même suit cet usage.

Les hommes de la classe noble, quand ils ne sont pas de service ni comme militaires ni comme courtisans, ont un costume qui se compose d'une espèce de jupe d'indienne, appelée *jarit*, plus ample que le sarong dont j'ai parlé, et d'un *sabouk* de soie ou d'indienne, semblable à une veste. Ils portent dans leur maison une simarre qui tombe jusqu'aux genoux, et, quand ils sortent, ils endossent un vêtement de soie ou de velours bordé de dentelles, nommé *sikapan*, semblable pour la forme aux jaquettes de Frise qu'on portait il y a deux siècles. Quelques personnes supposent que cette mode fut apportée à Java par les Hollandais lors de la conquête. Ismaël repoussait cette idée, prétendant que ce costume était antérieur à l'arrivée des Hollandais à Java. Je ne cherchai pas à le contredire, d'autant plus qu'une pareille discussion n'en valait pas la peine. Sous le sikapan, les nobles javanais ont une veste blanche boutonnée jusqu'au collet, et remplaçant la chemise des Européens. Ils portent aussi une sorte de chapeau, formé d'un morceau de drap ou de velours noir orné d'or. Dans les districts occidentaux de Java, ils font usage d'un large chapeau, semblable à un bassin renversé, fait de lanières de bambou, peint et vernissé, et qui résiste également à la pluie et aux rayons du soleil.

Le costume des dames de la haute classe n'offre

d'autre différence, comme je l'ai déjà dit, avec celui des femmes des classes inférieures que le luxe et la richesse des étoffes, des épingles et des bagues en pierreries. Les nobles et leurs femmes portent pour chaussures des sandales, des souliers ou des pantoufles. Dans quelques cantons soumis directement aux Hollandais, les régents et autres fonctionnaires indigènes portent des pantalons de nankin, avec des bottes et des éperons, et quelquefois un habit à l'européenne. Mais la plupart de ceux que j'ai vus affublés de ce costume ont un air si gauche et si embarrassé, que je ne pouvais les regarder sans avoir envie de rire.

L'étiquette veut que toute femme qui paraît à la cour se présente avec des diamants et des fleurs dans les cheveux, et qu'elle porte une ceinture de soie jaune, rouge aux extrémités; cette ceinture est appelée *sembong*.

Le peuple javanais, comme je l'ai dit ailleurs, est avide de plaisirs et de distractions. Pendant tout le temps de mon séjour à Sourakarta, chaque soir, à la tombée de la nuit, j'entendais de tous côtés les sons d'une musique bruyante; je voyais le peuple sortir de ses habitations et se porter en foule sur les places publiques, où étaient organisés des divertissements variés. Là c'étaient des danses exécutées par des femmes dans le genre des bayadères de l'Inde, et qui se nomment ici *bedoï*, ou *srampis*, ou *ronguines*. Ailleurs c'étaient des représentations théâtrales de différentes espèces.

Sous les auspices d'Ismaël, je visitai ces diverses réunions. Il me vantait surtout la danse des ronguines comme un spectacle des plus intéressants; pour moi, je trouvai ce genre d'amusement du plus mauvais goût, et je ne pouvais comprendre ce qu'il avait de si séduisant pour les Javanais. Il n'en fut pas de même des théâtres. Quoiqu'ils n'aient rien de comparable à nos spectacles européens, et que quelques-uns ressemblent à nos théâtres de marionnettes et d'ombres chinoises, j'y trouvai un intérêt de curiosité que je désirais depuis longtemps satisfaire, pour juger cette partie de la littérature javanaise.

Il y a deux espèces de compositions dramatiques, ou plutôt deux manières de représenter ces compositions, qui roulent toutes sur des sujets tirés de l'ancienne histoire ou de la mythologie javanaise. La première se nomme *topeng*; les personnages qui figurent dans ces sortes de pièces sont des hommes masqués, mais qui ne parlent pas. Le *dalang*, ou chef de la pièce, récite le dialogue, tandis que les acteurs exécutent les gestes convenables aux paroles. La musique de la *gamalan*, ou orchestre, accompagne et varie ses expressions, selon la nature de l'action et les divers sentiments dont les acteurs sont animés. Ceux-ci sont habillés avec magnificence, selon l'ancien costume. Les sujets du topeng sont ordinairement puisés dans les aventures de Pandji, le héros favori de l'histoire de Java.

Pandji-Ino-Kerta-Pati était fils du roi de Jang'gala, du puissant empire de Brambanan, qui florissait au ixe et au xe siècle de notre ère. Dans sa jeunesse il épousa Angrini ou Sekar'tagi, fille du *bopati* (ministre) de son père; mais ce monarque, voulant le marier avec sa cousine, fille du chef de Kediri, fit périr Angrini. Alors Pandji s'embarqua avec le corps de sa bien-aimée; une tempête s'éleva, la plupart de ceux qui montaient le navire périrent; quant à lui, il parvint à débarquer dans l'île de Tanaban. Là il brûla le corps d'Angrini, et partit avec le reste de ses serviteurs pour Bali, où il prit le nom de Klana-Jayang-Sari. Ayant obtenu des secours du prince de cette île, il devint son gendre, et alla s'établir à l'occident de Kediri; il épousa bientôt après la princesse de Sabroung, appelée *Chandra-Kirana*, qui était d'une grande beauté, et qui avait été demandée en mariage par le prince mahométan de Malacca. Pandji, par prudence, avait cru. devoir s'annoncer pour un prince de l'île opposée, et il ne se fit reconnaître de son père qu'après son mariage.

Selon quelques romanciers, un prince de l'île de Bornéo, appelée l'*île d'Or*, se présenta à la cour de Jang'gala avec deux princesses, en se faisant passer pour Pandji, et en imposa à la crédulité du monarque, qui s'imagina avoir retrouvé son fils. Selon d'autres romanciers, c'est, au contraire, Pandji qui périt dans la tempête, et Angrini, sa bien-aimée, qui l'avait accompagné dans sa fuite, fut jetée sur la côte de Bali, dont elle épousa le souverain.

Enfin, selon d'autres auteurs, Pandji gouverna le royaume avec son père; un chef de l'île de Madura, alors appelée *Nausa-Autra*, vint attaquer Jang'gala; une prophétie avait annoncé que Pandji serait invulnérable tant qu'il ne serait pas atteint d'une baguette de fer de Langkara. Le prince de Madura lui lança une flèche fabriquée à Langkara, et le grand Pandji fut tué.

On lui attribue l'introduction à Java de l'usage du kriss et de l'orchestre appelé gamalan.

On voit qu'il y a dans l'histoire, ou plutôt dans les histoires ou légendes de ce poëme, de l'étoffe pour tailler une quantité de drames de toutes dimensions.

Ces pièces, dont les acteurs sont masqués et muets tandis qu'un personnage récite lui seul le dialogue, sont, comme on le voit, l'enfance de l'art. Cependant, d'après ce que me dit Ismaël, les topengs représentés à la cour devant le monarque ont plus de perfection que les autres. Les acteurs jouent sans masques et déclament eux-mêmes leurs rôles. Mais je n'ai pas eu l'honneur d'assister à ces sortes de représentations.

La seconde espèce de représentations dramatiques se nomme *wayang* ou scènes ombrées. Les acteurs de ces sortes de pièces sont des figures d'environ cinquante centimètres de hauteur; elles sont de cuir de buffle, dessinées et travaillées avec beaucoup de soin; ces figures sont ordinairement grotesques; leur nez est excessivement allongé. Elles sont attachées par un clou de corne; elles ont un morceau de corne à chaque main pour les faire mouvoir. Une étoffe blanche, en forme de rideau, est étendue devant les spectateurs, sur un cadre de trois à quatre mètres de long et d'un peu moins de deux mètres de haut; on le rend transparent au moyen d'une lampe suspendue par derrière. Le gamalan joue une sorte d'ouverture et commence la représentation; les figures exécutent les scènes, et le *dalang* prononce le dialogue.

Il y a trois espèces de wayangs. La première est le *wayang-pourwa*, la seconde le *wayang-gedog*, et la troisième le *wayang-klitik*.

Dans le wayang-pourwa, les plus anciens de tous les sujets sont puisés dans la mythologie, avant le règne d'un prince nommé *Parikisit*, et jusqu'à ce prince. Les dieux, les demi-dieux et les héros de Java et de l'Inde sont mis en action, selon les poëmes de Rama et de Mintaraga, contenant la pénitence d'Ardjouna sur le mont Indra, et le fameux Brata-Youdha, ou la guerre de Pandawa.

Le dalang récite d'abord quelques vers en kawi (langue sacrée), qu'il accompagne d'une interprétation pour les personnes illettrées; puis il fait paraître les acteurs derrière le rideau; on voit l'ombre de leurs costumes; les spectateurs sont pénétrés du sujet, s'y intéressent, et écoutent en extase, pendant des nuits entières, l'histoire merveilleuse de leurs ancêtres.

Les sujets du wayang-gedog sont pris dans la période de l'histoire depuis Parikisit jusques et y compris le règne de l'infortuné Pandji, et celui de Lalian son successeur. Ici le dalang n'emploie pas la langue kawi, et il récite le poëme en javanais.

Le wayang-klitik est plutôt un jeu de marionnettes que d'ombres chinoises comme les deux autres; les figures sont de bois, d'environ quarante centimètres de hauteur, peintes et dorées avec soin. On ne se sert point de rideau transparent. Le sujet est puisé dans l'histoire de l'empire de Pajajaran, et jusqu'à la fin de l'empire de Madjapahit, c'est-à-dire jusqu'à l'établissement du mahométisme à Java et la fondation de l'empire de Matarem. Les aventures de Manak-Jing'ga, chef de Balembang'an, et de Dencar-Voulan (lumière de la lune), ainsi que les malheurs de la princesse de Madjapahit, sont le plus communément mis en scène.

Dans ces compositions, l'auteur n'introduit aucun personnage de son invention; tous ses héros, ainsi que leurs actions, appartiennent à l'histoire, à la tradition ou à la mythologie du pays. Ces représentations ont donc pour effet d'entretenir la connaissance de l'histoire nationale parmi le peuple javanais, qui est aussi avide de cet amusement que nos peuples d'Europe le sont des spectacles.

La profession de dalang est traitée avec respect; leur emploi ressemble, sous plusieurs rapports, à celui des anciens bardes. Ils sont les auteurs et les directeurs de leurs pièces. Dans certaines circonstances même, on leur confie une sorte de sacerdoce, qui consiste à bénir le premier enfant de chaque famille, en répétant divers passages des anciennes légendes, et cette cérémonie contribue à ajouter un haut degré de considération à l'emploi de dalang.

Comme le gamalan ou orchestre joue un grand rôle dans les représentations dramatiques, je terminerai ce chapitre par la description des instruments qui le composent.

Les Javanais font usage d'instruments à vent, à cordes et de percussion. Les instruments à vent sont différentes espèces de flûtes, appelées *souling* et *serdoum*. La trompette, appelée *nafiri*, y a été introduite par les Persans et les Européens.

Il y a trois espèces d'instruments à cordes : le

chalempong, qui a dix à quinze cordes et se joue comme la harpe; le *trawangsa*, qui se rapproche du luth ou de la guitare; le *rebad*, instrument originaire de Perse; c'est une espèce de violon à deux cordes que l'on fait vibrer avec un archet. Les conducteurs d'orchestres javanais jouent du rebad, dont les intonations sont fort justes, et s'en servent pour donner le ton et le signal à leurs musiciens.

Il y a beaucoup d'instruments de percussion. Le tambour est connu sous plusieurs noms. Outre les variétés qui sont d'invention indigène, il y en a qui viennent d'Arabie et d'Europe. Le *gong*, d'origine chinoise et indienne, est fabriqué d'une composition de cuivre, de zinc et d'étain, qui forme une plaque ronde d'un mètre et demi de diamètre; on le suspend ordinairement à un riche cadre, et on le frappe avec un maillet de bois recouvert d'une couche épaisse de caoutchouc. On ne peut se faire une idée de la force et de la beauté des tons qu'on en tire; mais dans un orchestre javanais il écrase les autres instruments, et les oreilles en sont en peu de temps abasourdies. Le gong a beaucoup de rapport avec le tam-tam, mais le son en est beaucoup moins lugubre.

Le *kentòuk* et le *kampoul* sont des variétés de gongs de petite dimension, et dont l'usage est plus fréquent dans les gamalans.

Le *kromo* ou *bonang* est une suite de petits vases ou gongs arrangés sur deux lignes dans un châssis. Le son de cet instrument est clair; son intonation est parfaite. Le *gambang* ou *staccado* est subdivisé en plusieurs variétés. Le *gambang-kayou* est formé de plusieurs barres ou touches de bois sonore, qui diffèrent graduellement de longueur; on les place sur une caisse de bois, et l'on joue de cet instrument avec un marteau. Le *stanado*, construit de même, mais avec des touches de métal, est aussi appelé *gander*.

Tels sont les instruments qui entrent dans la composition d'un orchestre. Le mot *gamalan*, que j'ai traduit par orchestre, signifie plutôt exécution musicale. On en distingue plusieurs espèces, qui ont chacune un nom particulier. La plus parfaite se nomme *salendro* : c'est une symphonie de plusieurs instruments qui ont le même nombre de notes. La *pelak* diffère de la salendro en ce qu'elle réunit des instruments bornés à un plus petit nombre de notes, et que les intonations en sont très-aiguës. La *miring* tient le milieu entre la salendro et la pelak. Ces trois espèces d'exécutions musicales servent aux accompagnements dans les représentations théâtrales. La *sakaten* compte un plus grand nombre d'instruments. On ne la joue que devant le monarque ou dans des occasions solennelles. La *strounen* est une musique guerrière; on y a introduit les trompettes, ainsi que d'autres instruments à vent qui ne sont pas en usage dans les orchestres de théâtre.

On peut juger, d'après ce que j'ai dit des compositions dramatiques, qu'elles ne sont que des récits historiques ou des légendes fabuleuses, animés par le dialogue et les gestes des acteurs. Mais il est encore un autre genre de récit dont les Javanais et les Malais raffolent, ainsi que tous les peuples orientaux, et dans lequel ils réussissent plus encore que dans toute autre branche de la littérature. Nous voulons parler des contes, qui charment également dans ces contrées les princes et le peuple, les hommes et les femmes, les vieillards et les enfants. Je vais en citer un qui est populaire dans la plupart des îles de la Malaisie, et surtout à Java et à Sumatra. On verra qu'il pourrait dignement figurer dans les *Mille et une Nuits*.

CONTE MALAYOU.

« Parmi les premiers souverains d'Hind et de Sind, aucun n'était plus puissant que le radjah Souran. Tous les radjahs d'Orient et d'Occident lui rendaient hommage, excepté celui des Chinois. Cette exception, qui déplaisait beaucoup au monarque, l'engagea à lever des armées innombrables pour aller conquérir ce pays; il entra partout en vainqueur, tua plusieurs sultans de sa propre main, et épousa leurs filles, approchant ainsi à grands pas du but de son ambition.

« Lorsqu'on apprit en Chine que le radjah Souran avait déjà atteint le pays de Tamsak, le radjah de la Chine fut saisi d'une grande consternation, et dit à ses mandarins et capitaines rassemblés : « Le radjah Souran menace de ravager mon
« empire: quel conseil me donnez-vous pour m'op-
« poser à ses progrès ? » Alors un sage mandarin s'avança : « Maître du monde, dit-il, ton esclave
« en connaît le moyen. — Mets-le donc en usage, » répondit le radjah de la Chine. Et le mandarin ordonna d'équiper un navire, d'y charger une quantité d'aiguilles fines, mais très-rouillées, et

d'y planter des arbres de Cahamach et de Birada. Il ne prit à bord que des vieillards sans dents, et cingla vers Tamsak, où il aborda peu de temps après. Lorsque le radjah Souran apprit qu'un vaisseau venait d'arriver de la Chine, il envoya des messagers pour savoir de l'équipage à quelle distance était situé leur pays. Les messagers vinrent questionner les Chinois, qui répondirent : « Lorsque
« nous mîmes à la voile, nous étions tous des jeunes
« gens, et, ennuyés d'être privés de la verdure
« de nos forêts, nous avons planté la semence de
« ces arbres ; aujourd'hui nous sommes vieux et
« cassés, nous avons perdu nos dents, et ces se-
« mences sont devenues des arbres qui ont porté
« des fruits longtemps avant notre arrivée en ces
« lieux. » Puis ils montrèrent quelques-unes de leurs aiguilles rouillées : « Voyez, poursuivirent-ils,
« ces barres de fer étaient, lorsque nous quit-
« tâmes la Chine, de la grosseur du bras ; à pré-
« sent la rouille les a rongées presque entière-
« ment. Nous ne savons pas le nombre d'années
« qui se sont écoulées durant notre voyage, mais
« vous pouvez le calculer d'après les circon-
« stances que nous venons de vous présenter. »

« Les messagers rapportèrent au radjah Souran

ce qu'ils avaient entendu : « Si le récit de ces « Chinois est véritable, dit le conquérant, il faut « que leur pays soit à une distance immense. « Quand pourrions-nous l'atteindre? Le plus sage « est de renoncer à notre expédition. » Et, à la tête de son armée, il se mit en marche pour retourner dans ses États. »

CHAPITRE IX

Retour à Batavia. — Mission pour aller attaquer les pirates. — Quelques mots sur la piraterie dans l'archipel Indien. — Force et composition de notre expédition. — Position des pirates dans l'île de Billiton. — Difficultés de l'attaque. — Ruses et manœuvres employées par le chef de l'expédition pour tromper les pirates. — Succès du stratagème du commandant. — Combat sur mer. — Attaque des forts. — Combat corps à corps. — Rencontre d'un Français au milieu de la mêlée. — Prise du premier fort. — Capitulation du second. — Succès complet de l'expédition.

Après trois mois de séjour à Sourakarta, pendant lesquels j'avais fait plusieurs excursions dans les environs, et entre autres au village de Soukou pour visiter les ruines remarquables que j'ai décrites précédemment, je retournai à Batavia. Il y avait quinze jours à peine que j'avais repris mon paisible service de garnison, quand je reçus l'ordre de partir avec un détachement de mon régiment pour une expédition dirigée contre les pirates de la côte de Billiton. Je reçus avec plaisir cet ordre, qui allait jeter un peu de variété dans l'existence assez monotone que je menais depuis mon arrivée à Java. Dès le lendemain nous nous embarquâmes sur trois petits navires qui ressemblaient plutôt à de paisibles caboteurs qu'à des bâtiments armés pour une expédition militaire. Nous devions rejoindre en route les croiseurs de la marine coloniale, chargés spécialement de donner la chasse aux pirates, et nous concerter avec eux pour remplir l'objet de notre mission. Il s'agissait d'attaquer dans leur repaire des pirates qui depuis quelque temps infestaient les environs du détroit de Banka, la partie sud de cette île, et la côte est de Sumatra, située vis-à-vis. Le gouverneur général avait reçu avis que deux navires hollandais avaient été capturés par ces pirates, qui, après les avoir pillés, avaient massacré une partie de l'équipage et retenaient le reste prisonnier. Parmi eux devaient se trouver un certain nombre de recrues envoyées à notre régiment, et c'était probablement le motif qui nous avait fait choisir pour aider à leur délivrance.

Avant d'entrer dans les détails de cette expédition, je dois dire un mot de ces fameux pirates malais, les plus hardis forbans, sans contredit, de toutes les mers du globe.

La piraterie s'exerce dans l'archipel Indien depuis un temps immémorial, et le mal est d'autant plus grand et plus profondément enraciné, que ce métier n'a jamais été regardé comme déshonorant aux yeux des populations malaises ; que jadis les grands et les princes eux-mêmes l'exerçaient sur une grande échelle, et qu'aujourd'hui encore la piraterie est secrètement permise et encouragée par eux; en tout cas, soit mauvaise volonté, soit impuissance, ils n'y mettent qu'une bien faible opposition. La tâche de réprimer ce fléau incombe donc aux Européens établis ou trafiquant dans ces parages; la plus grande partie de cette tâche appartient, sans doute, à la marine néerlandaise; mais il est reconnu qu'il est matériellement impossible que, malgré tous ses efforts, elle parvienne à elle seule à déraciner le mal; il faudrait pour cela le concours sérieux et continu de toutes les autres puissances civilisées qui ont des établissements, ou seulement des intérêts de commerce, dans les mers orientales.

Toutes les populations de ce grand archipel ne se livrent cependant pas à la piraterie ; ce sont seulement les nombreuses tribus qui habitent le littoral des grandes îles et un certain nombre des petites îles de l'archipel. Ces tribus de pirates sont dispersées le long de la côte méridionale et orientale de Sumatra, dans les îles de Linga, sur les côtes de Bornéo, de Célèbes, de quelques-unes des Moluques et des Philippines ; et même il existe dans le détroit de la Sonde, entre la baie de Batavia et le détroit de Banka, et le long de la côte de Java, une multitude de petites îles qui servent de retraites aux pirates, nommés en langue malaise *badjak*. Leurs bateaux ou *prahous*, terme générique, reçoivent, selon leur grandeur ou leur forme, les désignations de *penjajap*, *kapak*, *balloor* et *binta*. L'équipage se compose ordinairement de quarante à soixante hommes, armés de pièces de canon et de pierriers nommés *lilla*, de piques et de sabres (*klewang*). Pendant une partie de l'année, les tribus pirates ne paraissent s'occuper que de la pêche; puis, à certaines époques, les prahous cessent de s'y livrer, et se réunissent au nombre de sept ou de huit, quelquefois de vingt et même de trente, dans les lieux déterminés pour leur prochaine croisière. De petits îlots, que les écueils cachés dont ils sont entourés rendent à peu près inabordables, leur servent ordinairement de retraite. Du milieu de ces écueils, ils s'élancent à l'improviste non-seulement sur les navires des indigènes, mais même sur ceux des Européens, profitant des calmes, des vents contraires, ou de la faiblesse de l'équipage, pour satisfaire leur audacieuse rapacité. En combinant l'action des voiles et des rames, ils poursuivent leur proie ou échappent au danger qui les menace avec une égale rapidité. D'ordinaire ils opposent une vigoureuse résistance; mais, quand leur infériorité est trop marquée, ils fuient vers leur retraite, où il est presque impossible de les suivre. S'ils craignent de ne pouvoir se défaire à prix d'argent de l'équipage prisonnier, ou d'être atteints dans leur fuite, ils massacrent alors sans pitié tous leurs captifs, jusqu'aux femmes et aux enfants. Il n'est pas rare de leur voir exercer la même cruauté à l'égard d'un équipage qui s'est vaillamment défendu contre leurs attaques.

Tels étaient les ennemis que nous allions avoir à combattre. En quittant Batavia, nous fîmes route directement au nord, et le surlendemain de notre départ, vers le soir, nous rencontrâmes un sloop à vapeur, appartenant à l'escadre de croiseurs de la marine coloniale. Il venait à notre rencontre, et était chargé de nous convoyer jusqu'au port, où était en ce moment le commandant de la petite escadre. Deux jours après nous étions réunis à la flottille, que nous trouvâmes mouillée à l'est de l'île Billiton, sur le détroit de Karimata, d'où j'aperçus pour la première fois la côte de la grande île de Bornéo.

Le chef de la flottille nous attendait avec impatience pour commencer ses opérations contre l'ennemi. L'escadre se composait d'un brick de guerre, de deux schooners, de trois chaloupes canonnières et du petit aviso à vapeur dont j'ai parlé. Trois cents marins en tout montaient ces divers bâtiments. Nos trois petits navires venaient y ajouter un renfort de trois cents hommes d'infanterie et de cent cinquante marins, ce qui portait l'effectif de nos forces à six cent cinquante hommes environ, dont la moitié seulement se composait de troupes européennes, et le reste était formé de soldats et de marins indigènes. Ces forces, comme on le voit, étaient à grand'peine suffisantes pour la besogne qu'elles avaient à faire.

Les pirates étaient embusqués derrière une

petite île, qui n'était séparée de la grande île de Billiton que par une passe peu profonde, par laquelle on pénétrait dans une baie où se tenaient une vingtaine de prahous, montés chacun par quarante à cinquante hommes déterminés. L'entrée de la baie était défendue par deux forts, garnis d'artillerie, et qui la protégeaient ainsi que le village ou kampong où s'étaient établis les pirates avec leurs familles.

Ce n'était pas chose facile que de les débusquer d'une pareille position, d'autant plus que la passe n'était praticable, surtout du côté de l'est, que pour des embarcations d'un faible tirant d'eau. Quant au côté de l'ouest, il était plus profond; mais le chenal formait des sinuosités qui en rendaient la navigation très-difficile sans un pilote qui connût parfaitement la localité, et qui sût éviter plusieurs écueils dangereux dont cet étroit canal était parsemé.

La baie où notre flottille se trouvait réunie était à douze kilomètres à l'est du nid des pirates. Le commandant avait eu grand soin de dissimuler sa présence dans ces parages, en ne faisant venir ses bâtiments que les uns après les autres au mouillage où nous nous trouvions rassemblés. En même temps il faisait surveiller les pirates par quelques petits prahous, montés par des pêcheurs indigènes, sur la fidélité desquels il pouvait compter, et qui n'inspiraient aucune défiance aux forbans.

Dès que nos trois navires furent arrivés, le commandant fit débarquer l'infanterie qui les montait, et qui devait se diriger par terre contre le repaire des pirates; c'était là la tâche dont j'étais chargé, et elle n'était exempte ni de difficultés ni de dangers. On ne laissa à bord que les marins, c'est-à-dire cinquante hommes par navire. Ces bâtiments étaient armés chacun de quatre petites pièces de six et d'une pièce de seize allongée, montée sur pivot. L'équipage était muni de quantité suffisante de fusils, de tromblons, de pistolets, de grenades, de sabres, de haches d'abordage et de piques; mais tout cet appareil guerrier était soigneusement dissimulé : une large bande de toile noire couvrait les sabords et empêchait d'apercevoir les pièces; des ballots de marchandises, des cordages, une toile à voile disposée comme une tente pour se garantir du soleil, encombraient le pont et cachaient la pièce montée sur pivot. Enfin les marins devaient se tenir dans l'entre-pont, et ne laisser en haut que les hommes nécessaires à la manœuvre du bâtiment.

Quand tout fut ainsi disposé, nos trois navires, qui ressemblaient à de lourdes galiotes hollandaises chargées de marchandises, partirent à l'entrée de la nuit, se dirigeant au nord dans le large détroit de Karimata, qui sépare Bornéo de l'île Billiton; puis ils devaient faire le tour de cette dernière île, et revenir de notre côté par le détroit de Gaspar, comme s'ils eussent fait route pour Batavia. Les pirates ne pouvaient manquer de les apercevoir, et probablement de les poursuivre, comme une proie facile à saisir. C'était sur cette ruse qu'avait compté notre chef, et nous allons voir qu'elle eut un plein succès.

Le lendemain, de grand matin, nos prahous pêcheurs se dirigèrent vers l'entrée du détroit de Gaspar, pour attendre l'arrivée de nos galiotes et voir si les pirates se disposaient à les attaquer. Un officier et un aspirant de marine déguisés étaient montés dans un de ces prahous, et devaient annoncer par un signal convenu la vue de nos trois navires et les mouvements des pirates.

A neuf heures du matin, on nous signala nos navires et la sortie de plusieurs prahous de pirates se disposant à les poursuivre. Aussitôt le commandant me donna l'ordre de me mettre en route avec mes soldats, sous la conduite d'un guide du pays. Mes instructions portaient que je devais rester embusqué dans la forêt voisine du village des pirates, jusqu'au moment où les embarcations de la flottille pénètreraient dans la passe et attaqueraient l'ennemi de ce côté; alors je devais me porter sur un des forts qui défendaient l'entrée de la baie, et l'attaquer vigoureusement.

A midi nous étions rendus à notre poste, après une route des plus pénibles à travers des bois impraticables, en franchissant des rochers escarpés, et en marchant sur le bord des précipices. Après avoir placé des sentinelles pour veiller à notre sûreté, je fis reposer le reste de ma troupe. La position où nous nous trouvions dominait au loin la mer, la petite baie et le village des pirates, ainsi que les deux fortins dont j'ai parlé; un épais rideau de feuillage nous dérobait à tous les regards. Je montai sur un arbre touffu, et, m'étant installé commodément entre les maîtresses branches, je pris ma longue-vue, et, du haut de mon observatoire aérien, je commençai une investigation sur tous les points de l'horizon. Je reconnus d'abord

Monté sur un arbre touffu, je pris ma longue-vue, et commençai une investigation sur tous les points de l'horizon.

nos faux navires marchands qui paraissaient fuir à toutes voiles dans la direction du sud, pour éviter la poursuite d'une foule de prahous qui les serraient de près. Je comptai jusqu'à quinze de ces embarcations qui, manœuvrées par d'habiles rameurs et secondées par le vent, gagnaient évidemment de vitesse leurs adversaires. De temps en temps j'apercevais un petit nuage de fumée blanche qui s'élevait des prahous les plus avancés, puis le bruit d'un coup de canon affaibli par l'éloignement arrivait quelques secondes après à mes oreilles; mais nos navires n'avaient pas l'air de vouloir ralentir leur marche, malgré ces sommations bruyantes et répétées. Pour moi, j'étais étonné que nos gens attendissent si longtemps à se démasquer, et, dans mon impatience toute française, je maudissais en moi-même le flegme et la lenteur des Hollandais.

Tout à coup je vis, avec une vive satisfaction, nos trois bâtiments s'arrêter tous ensemble, et attendre immobiles l'approche des pirates. Déjà les premières pirogues touchaient le flanc de nos vaisseaux, les autres arrivaient à force de rames, et les cris formidables qui en sortaient parvenaient jusqu'à moi. Mon cœur battait à rompre ma poitrine. Au même instant, et comme à un commandement donné sur les trois navires à la fois, je les vis se couvrir tous ensemble de fumée, et bientôt j'entendis l'explosion de toute leur artillerie. Un grand désordre se manifesta aussitôt dans la flottille des forbans. Trois ou quatre prahous coulaient à fond, et ceux qui les montaient tâchaient de gagner à la nage les embarcations voisines. Une nouvelle décharge acheva de jeter la confusion parmi les assaillants. Voyant probablement à qui ils avaient affaire, les pirates abandonnèrent la poursuite des prétendues galiotes, et se hâtèrent de reprendre la route de leur repaire. Mais au même instant apparut de l'autre côté de l'îlot, qui me l'avait caché jusqu'alors, notre brick de guerre, toutes voiles déployées, qui s'avançait pour leur couper la retraite, accompagné de l'aviso à vapeur, prêt à se porter rapidement sur les points où sa présence serait jugée nécessaire ; en même temps les trois prétendus navires marchands avaient viré de bord, et à leur tour donnaient la chasse aux pirates, qui allaient bientôt se trouver pris entre deux feux.

Tandis que la scène que je viens de décrire se passait au large, une autre allait commencer plus près de nous. Les schooners et les chaloupes canonnières s'étaient embossés à chacune des entrées de la passe, et devaient arrêter toute embarcation suspecte qui chercherait à y pénétrer, en même temps qu'ils protégeaient une vingtaine d'embarcations de différentes dimensions, chargées d'opérer un débarquement dans l'intérieur de la baie. Ces embarcations étaient montées par des soldats de marine. Les chaloupes canonnières parvinrent même à pénétrer par la passe de l'ouest, et arrivèrent jusqu'à l'entrée de la baie, d'où elles lancèrent des obus et des fusées à la congrève, qui bientôt mirent le feu aux prahous restés dans le port.

C'était l'instant qui m'avait été assigné pour commencer l'attaque des deux forts. J'avais divisé ma troupe en deux détachements. L'un, composé de cent cinquante hommes, était chargé d'attaquer le fort de l'ouest, sous les ordres de mon premier lieutenant. Je m'étais réservé le commandement de l'autre détachement, de même force, et destiné à l'attaque du fort de l'est.

Ces forts n'étaient que des retranchements en terre, garnis d'une haie de plantes épineuses très-serrées, et entourés d'un fossé à sec. L'artillerie qui les défendait était braquée du côté de la baie, car les pirates n'avaient pas prévu qu'ils seraient attaqués du côté de la terre. Déjà quelques coups de canon partis dans cette direction me faisaient supposer que l'attention de la garnison était entièrement dirigée sur les mouvements de nos embarcations, qui pénétraient en ce moment dans la passe. J'ordonnai à tout mon monde de s'avancer dans le plus grand silence jusque auprès des forts, et de tenter l'escalade au signal que j'en donnerais. Ce mouvement s'exécuta à souhait, et nous parvînmes jusqu'au fossé sans avoir été aperçus de l'ennemi. Alors je donnai le signal convenu, et nos deux troupes s'élancèrent en même temps, franchirent le fossé, et gravirent le talus assez escarpé du retranchement. Un certain nombre de nos hommes étaient munis de haches pour ouvrir un passage à travers la haie compacte qui en bordait la crête; les autres, avec leurs sabres, secondaient cette opération. Bientôt deux ou trois brèches furent ouvertes, assez larges pour donner passage à un homme; aussitôt quelques-uns de nos soldats indigènes se glissèrent par ces ouvertures, et, en rampant comme des serpents, ils atteignirent la crête du retranchement. D'autres soldats les suivirent, et en un instant cinquante à soixante hommes avaient franchi ce premier obstacle, sans que l'ennemi parût s'apercevoir de la surprise que nous lui ménagions. Un sous-lieutenant commandait ce premier détachement, et moi, avec le reste de ma troupe, je me tenais en réserve à une demi-portée de fusil, surveillant ce qui se passait dans l'un et l'autre fort, prêt à me porter sur le point où je jugerais que nos gens auraient besoin de secours.

J'étais étonné du silence des assiégeants, quand tout à coup des cris et un tumulte effroyable se firent entendre dans l'intérieur du fort dont je dirigeais l'attaque. Au même instant une vive fusillade éclatait sur ma droite, du côté du fort de l'ouest, où, à ce qu'il paraissait, nos hommes n'avaient pas pu pénétrer aussi facilement que nous l'avions fait dans l'autre. Mais cette facilité même m'inquiétait; je craignais quelque embuscade, et les cris et le tumulte qui continuaient, mêlés aux fréquentes détonations d'armes à feu, n'étaient pas faits pour me rassurer. J'étais indécis de quel côté j'allais porter des secours, quand tout à coup un sergent s'élançant par une des ouvertures pratiquées dans la haie vint me trouver en courant, et m'annoncer de la part du sous-lieutenant que les clameurs bruyantes que j'avais entendues venaient d'un certain nombre de prisonniers hollandais que les pirates voulaient égorger, et qui se défendaient comme ils pouvaient, en nous appelant à grands cris à leur secours. « Marchons ! » m'écriai-je aussitôt, et je m'élançai sur les pas du sergent qui me servait de guide. En un instant toute ma troupe et moi nous eûmes pénétré par les brèches, et, après avoir franchi un second fossé moins profond que le premier, nous pénétrâmes dans l'intérieur de la place. Déjà mon sous-lieutenant et ses hommes étaient aux prises avec les Malais; mais ceux-ci, au nombre de près de deux cents, se battaient en déterminés; sur plusieurs points, la mêlée était engagée corps à corps, ce qui permettait difficilement de faire usage des armes à feu, et donnait aux pirates l'avantage de se servir de leur terrible kriss. Déjà une dizaine de mes soldats étaient hors de combat, et à côté d'eux gisait un nombre égal d'ennemis; il était temps que nous arrivassions. « A la baïonnette ! criai-je à mes hommes; vengeons nos camarades ! Ne faites feu qu'à bout portant ! » Et, l'épée haute, je m'avançai à leur tête.

Notre arrivée rendit le courage à nos soldats

qui commençaient à faiblir, et le combat recommença avec une nouvelle ardeur. Les ennemis soutinrent bravement le choc, et la mêlée ne devint que plus sanglante. Cependant, malgré nos efforts, nos adversaires ne reculaient pas ; je m'avançai alors vers le centre, où je remarquais un de leurs chefs qui les dirigeait et les encourageait par ses paroles et par son exemple. Je tirai sur lui un coup de pistolet; mais je le manquai et blessai un de ses voisins; au même instant ce chef, qui m'avait reconnu, me lança une zagaie, qui m'aurait atteint, si le coup n'eût été détourné par la baïonnette d'un homme qui se trouvait à côté de moi; celui-ci riposta à l'instant par un coup de fusil, qui étendit mort le chef pirate. En même temps cet homme, que je n'avais pas encore remarqué, mais qu'à son uniforme délabré je reconnus pour un des prisonniers que les pirates allaient égorger, bondit comme une panthère au plus épais des Malais; il tenait à deux mains un fusil de munition et s'en escrimait avec une adresse merveilleuse: il frappait à droite, à gauche, ici de sa baïonnette, là de sa crosse, et parait en même temps les coups qu'on lui portait. Nos soldats, électrisés par cet exemple, se précipitèrent sur ses pas, et firent une large trouée au plus épais de la troupe des pirates. Ceux-ci, découragés par cette brusque attaque et par la mort de leur chef, ne songèrent plus les uns qu'à s'échapper de la forteresse, les autres qu'à défendre chèrement leur vie, car aucun n'espérait de quartier. Le combat fut bientôt terminé. Ceux qui essayèrent de résister succombèrent bientôt à la fureur de nos gens, et surtout à celle d'une dizaine de prisonniers, qui, comme celui dont j'ai parlé, avaient échappé au massacre. Ceux des pirates qui s'étaient enfuis du fort avaient cherché à gagner leurs prahous dans la baie; mais ils rencontrèrent les soldats de marine qui arrivaient précisément en ce moment pour s'emparer de ces embarcations.

Aussitôt que je me vis maître du fort, je fis arborer le drapeau hollandais, en le faisant saluer par le seul canon dont nous pûmes faire usage; les autres avaient été encloués par les pirates.

Cependant on se battait toujours au fort de l'ouest; avant tout, il fallait en finir de ce côté. J'allais envoyer une cinquantaine d'hommes en aide à mon lieutenant, quand celui de nos prisonniers délivrés qui s'était si fort distingué dans la mêlée s'approcha de moi, et me dit en très-bon français : « Pardon! mon capitaine; voulez-vous me permettre d'aller avec vos soldats au secours de nos camarades qui sont dans l'autre fort, si toutefois il est encore temps? Autrement je tâcherai de les venger de mon mieux, comme j'ai fait pour ceux d'ici.

— Comment, m'écriai-je, est-ce qu'il y a aussi de nos prisonniers dans l'autre fort?

— Certainement qu'il y en a, et même plus qu'il n'y en avait ici; car nous n'étions que quarante, et là-bas ils doivent être au moins soixante; seulement il n'y a qu'une vingtaine de troupiers de nos camarades; le reste, ce sont des marins, des marchands, des bourgeois, et même, je crois, des femmes et des enfants.

— Si je vous le permets! répliquai-je vivement; mais non-seulement vous, mais tout ce qu'il y aura ici d'hommes valides nous allons y aller, car je veux me mettre à votre tête. »

Aussitôt je laissai à mon sous-lieutenant une vingtaine d'hommes, qui me parurent suffisants pour garder notre conquête, que les Malais n'entreprendraient certes pas de reprendre, je lui laissai également tous les blessés, parmi lesquels un certain nombre ne l'étaient que légèrement, et pouvaient lui être encore utiles en cas de nécessité, et avec le reste de la troupe, augmentée de nos dix prisonniers délivrés et armés avec les fusils de nos morts et de nos blessés, nous nous dirigeâmes rapidement vers le fort de l'est.

Il y avait au moins trois kilomètres à parcourir, par des chemins extrêmement difficiles. Telle était l'ardeur de mes hommes, que cette distance fut franchie en moins d'une demi-heure. Nos prisonniers montraient encore plus d'ardeur que nos soldats; ils se trouvaient toujours en tête de la colonne, comme pour lui servir de guides et d'éclaireurs, et en avant de tous marchait ou plutôt courait sans cesse celui dont j'ai déjà parlé. La physionomie de cet homme était vraiment curieuse à observer; en lui rien de cette colère froide et calme, mais qui n'en est pas moins terrible, du soldat hollandais; ses yeux étaient animés, ses lèvres souriaient, et il affrontait en se jouant les obstacles du chemin, comme je l'avais vu affronter les périls du combat. C'était bien le type du soldat français, et sa vue me rappelait ma patrie et reportait mes souvenirs au temps où j'étais si fier et si heureux de commander à des hommes de cette trempe.

Pendant que je faisais ces réflexions, et que nous approchions du lieu du combat, je m'aperçus que la fusillade avait tout à fait cessé de ce côté. Au même moment accourut vers moi mon *éclaireur* improvisé. « Eh bien, quoi de nouveau? » lui criai-je quand il fut à portée de ma voix. « Il y a, mon capitaine, que les *peaux-jaunes* demandent à capituler; le lieutenant vous attend pour signer le traité; et jusqu'à votre arrivée il y a suspension d'armes.

— Est-ce que vous avez parlé à mon lieutenant?

— Pas précisément, mais j'ai rencontré un sergent et quatre hommes qu'il envoie au-devant de vous pour vous prévenir de la chose; et comme ils sont un peu fatigués et qu'ils marchent à pas comptés, moi je suis venu vous prévenir, pensant que cela pourrait vous être agréable.

— Vous avez très-bien fait, répondis-je, et je suis content de vous; un mot seulement. Vous êtes Français?

— Oui, mon capitaine, et vous aussi?

— C'est vrai, répondis-je en souriant; mais nous causerons plus tard du pays et d'autres choses. »

En quelques minutes j'arrivai auprès de mon lieutenant, qui me rendit compte de ce qui s'était passé. Il avait tenté comme moi de faire escalader les retranchements ; mais ils étaient plus escarpés, et garnis de palissades au lieu de haies. D'un autre côté, l'ennemi était sur ses gardes, et, embusqué derrière ses palissades, il avait accueilli par une vive fusillade les premiers soldats qui s'étaient présentés. « Jugeant alors, continua mon lieutenant, que ce serait perdre inutilement du monde que de poursuivre cette attaque sans avoir les moyens de la conduire à bonne fin, j'ai posté mes hommes dans les positions les plus avantageuses, et d'où l'on découvre une partie du fort, et de là mes meilleurs tireurs ont fait feu sur tout ce qui s'est montré sur les remparts ; de leur côté, les pirates ont riposté vivement ; mais cette fusillade n'a pas, je crois, produit beaucoup de mal de part ni d'autre. Pour moi, je n'ai eu que cinq hommes légèrement blessés à la première attaque. Enfin, quand l'ennemi s'est aperçu que vous étiez maître du fort de l'est, qu'il a vu la passe forcée par nos embarcations et même nos chaloupes canonnières, et le renfort que vous m'ameniez, il a arboré le drapeau blanc, et trois députés sont venus me faire des propositions. J'ai répondu que c'était à vous qu'il fallait s'adresser, et ils vous attendent à quelques pas d'ici. »

Ces envoyés se présentèrent alors devant moi ; avant qu'ils eussent ouvert la bouche, je leur demandai ce qu'étaient devenus les prisonniers hollandais qu'ils tenaient enfermés dans leur fort ? « Ils y sont encore tous, répondirent-ils. — En ce cas, repris-je, quelles sont vos propositions ? je suis prêt à les écouter. »

Ils décidèrent qu'ils étaient prêts à me remettre le fort avec tout ce qu'il contenait, à condition qu'ils auraient la liberté de se retirer où bon leur semblerait, et qu'il leur serait payé une rançon pour les prisonniers, à raison de vingt piastres par homme, dix pour les femmes et cinq pour les enfants. Je refusai nettement de traiter sur de pareilles bases, déclarant qu'une pareille capitulation ne serait point ratifiée par le commandant en chef de l'expédition, encore moins par le gouverneur général. Tout ce que je pouvais leur promettre, c'est que, si tous nos prisonniers nous étaient rendus, la garnison aurait la vie sauve, mais resterait prisonnière de guerre. Je leur fis remarquer que, dans leur position, ils devaient s'es-

timer heureux des conditions que je leur offrais .
tous leurs meilleurs guerriers avaient été détruits avec les quinze prahous qui étaient sortis
le matin de la baie ; pas un seul n'avait échappé
à la mort ; car ceux qui n'avaient pas été noyés
ou tués dans le combat avaient été pendus aux
vergues des bâtiments, comme ils pouvaient s'en
assurer en jetant un coup d'œil sur les navires de
l'escadre qui se trouvaient à l'entrée de la passe ;
enfin leur village allait lui-même être envahi et
brûlé par les marins, et les femmes et les enfants
qui s'y trouvaient seraient considérés comme les
otages qui répondraient sur leur tête de la vie de
nos prisonniers.

Les députés se retirèrent après cette réponse.
Ils revinrent une demi-heure après me dire qu'ils
acceptaient mes conditions. Peu d'instants après
nous entrions dans le fort, nous délivrions nos prisonniers, et nous les remplacions dans leur cachot
par les soixante hommes dont se composait la
garnison du fort. Je fis aussitôt arborer le drapeau
hollandais, et comme ce fort était parfaitement
en vue de l'escadre, tous nos navires le saluèrent
d'une salve d'artillerie, et des hourras des matelots, dont les cris arrivaient jusqu'à nous.

Le succès de l'expédition avait été on ne peut plus complet. Toutes les positions des pirates avaient été enlevées, toutes leurs embarcations détruites, et sept à huit cents de ces forbans avaient perdu la vie par le fer, dans les flots, ou par la corde. Le reste était prisonnier. Nos pertes, tant sur mer que sur terre, ne s'étaient élevées qu'à cinquante hommes tués et une centaine de blessés. Je ne compte pas une trentaine de nos prisonniers qui avaient été égorgés au moment de l'attaque du fort de l'est.

CHAPITRE X

L'île de Billiton. — Mesures prises par le baron Van der Capellen pour empêcher la piraterie sur ses côtes. — Négligence apportée dans la suite à la surveillance des pirates. — Mesures nouvelles prises pour la répression des forbans dans ces parages. — Histoire de Marcellin Roger, ancien volontaire de la Charte, maintenant soldat au service de Hollande. — Je le nomme sous-officier dans ma compagnie. — Je suis envoyé en mission à Palembang, dans l'île de Sumatra. — Départ de Billiton.

L'île de Billiton, où se sont passées les scènes que j'ai racontées dans le chapitre précédent, est située à peu près à une égale distance de l'île de Bornéo et de celle de Sumatra, et elle est séparée de cette dernière par la pointe orientale de l'île de Banka, qui elle-même est séparée de Billiton par le détroit de Gaspar, route ordinaire des vaisseaux qui vont à la Chine ou qui en reviennent. Ses habitants sont braves et entreprenants, et depuis longtemps ils avaient montré un penchant décidé pour la piraterie. Cependant le baron Van der Capellen, quand il exerçait les fonctions de gouverneur général dans la Malaisie, non-seulement était parvenu à les empêcher de se livrer à ce penchant, mais il avait établi des chantiers de construction à Billiton, où l'on construisait de petits bâtiments nommés par les Hollandais *cruispawen*, qui, avec des équipages mi-partis d'Européens et d'indigènes de Billiton, croisaient dans ces mers et faisaient une chasse active contre les forbans. Cette surveillance, maintenue avec soin pendant un grand nombre d'années, avait fini par faire disparaître presque entièrement la piraterie de ces parages; les habitants de Billiton s'étaient livrés à l'exploitation de leurs riches mines d'étain et de fer, travail qui était pour eux plus lucratif et moins dangereux que leur ancien métier de pirates. La disparition des forbans de cette côte avait fait peu à peu négliger la surveillance organisée par le baron Van der Capellen; de sorte que depuis quelque temps des pirates des Moluques, de Bornéo et de Sumatra étaient venus s'installer dans la petite baie où ils avaient formé petit à petit, et sans que le gouvernement hollandais s'en doutât, l'établissement que j'ai décrit précédemment. Quelques habitants de Billiton, mais en petit nombre, s'étaient joints à eux. Les autres, au contraire, souffraient de ce voisinage, et c'étaient eux-mêmes qui les premiers avaient averti le gouverneur de ce qui se passait, et avaient secondé avec activité l'action de la flottille dans l'expédition qui venait d'avoir lieu.

Pour mettre désormais l'île de Billiton et les parages environnants à l'abri de nouvelles excursions des pirates, le gouverneur général fit non-seulement rétablir les anciennes croisières organisées par Van der Capellen, mais fortifier d'une manière régulière le point occupé en dernier lieu par les pirates, et dont nous les avions délogés. La passe fut élargie, et l'on y exécuta des travaux qui permirent à des bâtiments d'un plus fort tonnage de pénétrer dans la petite baie, ce qui en fit bientôt un port d'une certaine importance. On employa à ces travaux les pirates prisonniers à qui l'on avait fait grâce de la vie. Quand la forteresse fut terminée, on y laissa une petite garnison, qui fut fournie par une partie du détachement que je commandais.

Un de mes premiers soins, quand le calme fut un peu rétabli, que j'eus visité mes blessés et convenablement installé tout mon monde, fut d'appeler auprès de moi ce jeune Français qui s'était montré si intrépide dans le combat, et qui m'avait sauvé la vie ou tout au moins une blessure dangereuse. Sa qualité de compatriote et sa brillante valeur eussent suffi pour m'intéresser à lui, quand même la reconnaissance ne m'en eût pas fait un devoir. Oh! me disais-je, si par hasard il était aussi un ancien soldat de la garde royale, qui comme moi eût refusé de servir le nouveau gouvernement français, je bénirais la Providence de l'avoir rapproché de moi, et je l'embrasserais comme un frère !

Pendant que je faisais ces réflexions, le jeune homme entra dans ma chambre, et après m'avoir fait le salut militaire il me dit : « Me voilà à vos ordres, mon capitaine : qu'y a-t-il pour votre service ?

— Je désire d'abord savoir votre nom et quelle est la province de France où vous êtes né.

— Je m'appelle Marcellin Roger; je ne suis pas né en province, mais bien à Paris, rue de la Roquette, faubourg Saint-Antoine.

— Eh bien, mon cher Marcellin, recevez mes remercîments les plus sincères pour le signalé service que vous m'avez rendu hier, pendant l'attaque du fort; soyez persuadé que je ne l'oublierai jamais, et que je ne laisserai échapper aucune occasion de vous en témoigner ma reconnaissance.

— Bah! mon capitaine, vous êtes trop bon de faire attention à une pareille bagatelle. Franchement ça n'en vaut pas la peine; ce sont de ces choses qui arrivent souvent dans notre état; ce que j'ai fait pour vous, je l'aurais fait pour tout autre, qui, à son tour, si l'occasion s'en fût présentée, en aurait fait autant pour moi, et nous nous serions trouvés quittes.

— Soyez persuadé, mon cher, que si vous vous trouviez dans un pareil danger, je ne m'épargnerais pas pour vous en tirer. Mais brisons sur ce sujet. Étiez-vous militaire avant 1830?

— Non, mon capitaine, j'étais encore trop jeune ; car je suis né en 1812, et je n'avais que dix-huit ans. J'étais ouvrier ébéniste dans la rue du faubourg Saint-Antoine, quand la révolution de juillet éclata. Le patron ferma l'atelier, et nous dit qu'il fallait aller nous battre pour la *charte,* que

Polignac et Charles X voulaient détruire. Je ne savais pas trop ce que c'était que la charte ; mais dès qu'il s'agissait de se battre contre les gendarmes, contre les sergents de ville, les Suisses et la garde royale, ça m'allait à merveille. Je pris donc un fusil, comme les camarades, et me voilà pendant trois jours et trois nuits à faire le coup de feu derrière les barricades. J'entrai un des premiers aux Tuileries, et c'est moi qui ai eu l'honneur d'arborer le drapeau tricolore sur la place du Carrousel. »

Ce récit, comme on le concevra sans peine, m'affectait péniblement ; moi qui me berçais de l'idée d'avoir retrouvé un ancien frère d'armes, voilà que je me trouvais en présence d'un de ces gamins de Paris qui s'étaient montrés les ennemis les plus dangereux et les plus acharnés des défenseurs de la royauté. Je m'efforçai de ne rien laisser paraître des sentiments que j'éprouvais, et je dis à Marcellin de continuer son histoire, en lui demandant ce qu'il était devenu après les journées de juillet.

« L'odeur de la poudre, poursuivit-il, m'avait enivré, et je ne me sentais plus guère de dispositions pour l'atelier, d'autant plus que je n'avais jamais eu beaucoup de goût pour le rabot et le pot à colle. Je voulais me faire soldat ; mais, au moment où j'allais m'engager, je rencontrai des camarades qui me détournèrent d'entrer dans la ligne, à cause de la sévérité de la discipline : « Viens avec nous, dirent-ils, dans les *Volontaires de la Charte* : c'est un corps où l'on reçoit tous les combattants de Juillet, et, comme nous t'avons vu à l'œuvre, tu y seras bien reçu. » Je fus admis sans difficulté ; on me promit même une décoration et un grade ; mais je ne reçus ni l'une ni l'autre. Au bout de quelques mois on parla de nous envoyer en Afrique, pour nous battre contre les Bédouins ; cela ne m'allait qu'à demi, quand ceux de mes camarades qui m'avaient engagé à entrer dans les Volontaires de la Charte me dirent : « Le gouvernement de Louis-Philippe a l'air de se moquer de nous ; c'est nous qui l'avons mis sur le trône, c'est nous qui devions être ses gardes du corps : eh bien ! voilà que, pour se débarrasser de nous, il veut nous envoyer nous faire tuer par les Bédouins ou mourir de faim dans ce pays de sauvages ; si tu veux être des nôtres, nous avons un autre projet en tête. En ce moment il y a une révolution en Belgique ; allons-y : nous y serons reçus à bras ouverts, et nous apprendrons aux Belges comment on se débarrasse d'un gouvernement qui ne vous plaît pas. — Mais, objectai-je, ce serait déserter? — Bah! me répondit-on, est-ce que nous ne sommes pas *volontaires*, et, par conséquent, est-ce que nous n'avons pas le droit d'aller où nous voulons? D'ailleurs, nous te l'avons dit, le gouvernement ne demande pas mieux que de se débarrasser de nous, et il ne s'oppose pas à notre voyage de Belgique. »

« Effectivement nous partîmes un beau matin sans tambour ni trompette, et nous gagnâmes la frontière sans que le gouvernement français eût paru s'apercevoir de notre fugue. Les Belges nous accueillirent très-bien, et nous nous battîmes au mois de septembre à Bruxelles, comme nous l'avions fait au mois de juillet à Paris. Bref, quand tout fut terminé, on nous offrit de prendre du service dans la nouvelle armée belge qui s'organisa après la révolution. J'acceptai, avec deux de mes camarades; les autres nous quittèrent, et je ne les ai pas revus. Au bout de six mois j'étais sergent et assez content de ma nouvelle position; six mois plus tard j'étais sergent-major, et j'espérais bientôt passer officier, quand l'armée française entra en Belgique et vint faire le siége d'Anvers. Mon régiment fut désigné pour faire partie de cette expédition, au retour de laquelle j'espérais bien recevoir l'épaulette. Mais l'homme propose et Dieu dispose, comme dit le proverbe.

« Nous étions cantonnés dans un village à côté d'un régiment français. J'avais fait la connaissance de quelques sous-officiers de ce corps, et souvent nous nous rencontrions à la cantine. Nos relations étaient assez amicales, quoique plusieurs d'entre eux m'eussent parfois blâmé d'avoir pris du service à l'étranger. « Je le quitterais bien volontiers, répondis-je, si j'avais l'espoir de rentrer dans l'armée française avec mon grade ; mais je ne me soucie pas de recommencer le métier de simple soldat. — Eh bien ! moi, je n'hésiterais pas, répondit un des sous-officiers, et je préférerais être simple troupier en France qu'officier en Belgique. » Là-dessus je ripostai, l'autre répliqua, et il y aurait eu probablement une querelle et un duel sur-le-champ, si quelques camarades plus raisonnables n'étaient intervenus.

« Le lendemain, je commandais une corvée pour travailler à la tranchée, conjointement avec un détachement de soldats français du régiment dont j'ai parlé. Ce détachement était sous les ordres du même sous-officier avec qui j'avais failli me quereller la veille. Tout alla assez bien pendant une partie de la journée; mais, au moment où nous allions être relevés, je dis à deux ou trois soldats français qui brouettaient de la terre, de la transporter dans un endroit que je leur désignai. Ils se disposaient à obéir, quand le sous-officier accourut furieux, et demanda à ses soldats pourquoi ils avaient conduit leurs brouettes en cet endroit. « C'est, répondirent-ils, le major que voilà qui nous l'a dit.—Est-ce que vous avez à recevoir des ordres d'un étranger, d'un *déserteur?* » reprit-il avec encore plus de colère. A ce mot de déserteur, je n'y tins plus; je courus à lui le sabre à la main, en lui criant : « En garde! vous allez me rendre raison de cette insulte. » Déjà il avait dégaîné, et nos fers se croisaient, quand deux officiers, l'un belge, mon capitaine, l'autre français, arrivèrent, et nous ordonnèrent de remettre nos sabres dans le fourreau, et de nous rendre à la garde du camp. Mon adversaire obéit sur-le-champ; mais moi, au comble de l'exaspération, je ne voulus rien écouter. Je menaçai l'officier français de la pointe de mon sabre, en l'accablant d'injures; et mon capitaine ayant voulu s'approcher de moi et me retenir le bras, je le repoussai avec tant de violence, que je le fis tomber à la renverse. Au même instant une foule de soldats, sur l'ordre d'un officier accouru pendant ce désordre, se jetèrent sur moi, me désarmèrent et m'entraînèrent dans le camp.

« Lorsque je fus enfin calmé, je compris toute la portée de la faute dont je m'étais rendu coupable, et j'en reconnus toutes les conséquences. J'avais insulté, menacé un officier français et frappé mon propre capitaine. J'allais être arrêté par la prévôté de l'armée, traduit devant un conseil de guerre, condamné et fusillé dans les vingt-quatre heures.

« Pendant que j'étais plongé dans ces réflexions, qui n'avaient rien de consolant, mon sergent-fourrier entra dans la chambre qui me servait provisoirement de prison. « Major, me dit-il à voix basse, vous n'avez pas une minute à perdre, si vous tenez à conserver votre peau. Il fait nuit noire en ce moment; venez avec moi, je vais vous conduire en lieu de sûreté. »

« Je le suivis machinalement : qu'avais-je à craindre de plus grave que le sort dont j'étais menacé? Je serais fort embarrassé de dire par où mon conducteur me fit passer; tout ce que je sais, c'est qu'après une heure de marche nous arrivâmes au bord de l'Escaut; là le fourrier me fit monter dans une barque qui nous conduisit à bord d'un petit navire ancré à quelque distance. Mon guide parla au patron en hollandais, langue que je ne comprenais pas encore; puis il me remit une bourse, en me disant : « Voilà pour vous aider à vivre pendant les premiers jours de votre exil; acceptez-la comme un souvenir d'amitié de vos anciens camarades, car vous étiez aimé de tout le monde au régiment. Le capitaine lui-même m'a chargé de vous dire qu'il vous pardonnait de grand cœur votre mouvement d'emportement; mais la discipline ne pardonne pas. C'est lui-même qui a favorisé votre évasion; ainsi vous pouvez dire que vous lui devez la vie. Maintenant, voici le conseil qu'il m'a chargé de vous donner. Vous ne pouvez plus maintenant servir ni dans l'armée française, ni dans l'armée belge; engagez-vous en Hollande, dans un régiment colonial; vous y trouverez tous les avantages que vous avez perdus ici. » Je serrai tendrement dans mes bras mon brave fourrier; je le chargeai de mes remercîments pour mon capitaine et mes anciens camarades, et je m'abandonnai à ma nouvelle fortune.

« Trois jours après, le petit navire sur lequel j'étais monté me débarquait à la Haye, et le surlendemain je m'engageais dans votre régiment. Il y a bientôt quatre ans que j'en fais partie ; mon avancement n'a donc pas été aussi rapide qu'en Belgique, parce que je ne connaissais pas la langue hollandaise ; mais une fois que j'ai pu m'exprimer facilement dans cette langue et l'écrire, j'ai été nommé caporal et bientôt après sergent instructeur. Voilà deux ans que j'exerçais ces dernières fonctions, qui commençaient passablement à m'ennuyer ; c'était en vain que je demandais à faire partie de l'un des convois qu'on envoyait aux Indes ; on me répondait toujours qu'on avait besoin de moi pour l'instruction des recrues. Enfin, au départ du dernier convoi, j'ai été trouver le major ; je lui ai dit que décidément je tenais à partir pour rejoindre mon régiment, et que je ne voulais pas éternellement rester au dépôt. — J'y consens, me répondit-il, mais à condition que vous déposerez vos galons. — Qu'à cela ne tienne, répondis-je ; j'espère me conduire de manière à les rattraper bientôt là-bas. » Là-dessus nous sommes partis, et nous avions fait un assez bon voyage, quand nous avons été attaqués par ces satanés pirates, qui nous ont brûlé nos vaisseaux et égorgé la moitié de notre monde. Le reste y serait passé sans doute, si vous n'étiez fort heureusement arrivés pour nous délivrer. »

Ce récit, que j'abrége beaucoup, avait fini par m'intéresser. Au lieu de trouver en lui, comme je l'avais craint d'abord, un ennemi politique, je ne vis dans Roger qu'un de ces jeunes gens, comme il y en a tant dans la classe ouvrière à Paris et ailleurs, qui, n'ayant reçu qu'une mauvaise éducation ou une éducation incomplète, suivent plutôt leurs caprices ou l'entraînement du moment qu'une passion ou une conviction politique. J'avais remarqué dans son récit un ton de franchise qui m'avait plu. Il y avait même mis une certaine modestie; car il ne m'avait parlé ni de sa conduite au dépôt depuis son engagement, ni de la bravoure et de l'énergie qu'il avait montrées lors de l'attaque des bâtiments de transport par les pirates, et quand ceux-ci avaient voulu les égorger dans le fort, au moment de notre attaque. Je savais, par les informations que j'avais prises auprès de ses camarades et de ses compagnons de voyage, qu'il était très-aimé au dépôt, et que c'était parce que le commandant en était très-content qu'il avait voulu le conserver. « Si tout le monde, me disait un vieux sergent, avait fait son devoir comme lui quand ces maudits pirates nous ont attaqués, nous n'aurions jamais été pris. »

Enfin je voulus achever de connaître ses sentiments par une dernière épreuve, et savoir à quoi m'en tenir sur son compte. « Eh bien, lui dis-je, pendant que vous vous battiez à Paris en juillet 1830, moi, j'étais officier dans la garde royale.

— Étiez-vous dans l'un des régiments qui se trouvaient à Paris?

— Non, j'étais en Normandie.

— Ah! tant mieux; car aujourd'hui je serais réellement fâché de m'être battu contre vous.

— Malheureusement, ajoutai-je, ce regret, vous pouvez l'avoir; car vous vous êtes battu contre moi à Bruxelles, au mois de septembre : je faisais alors partie de l'état-major du prince d'Orange.

— Bah! comme cela se rencontre! c'est pourtant vrai... En ce cas, mon capitaine, vous ne me devez rien; car si dans ce temps-là je vous ai tiré des coups de fusil, hier je vous ai empêché de recevoir un coup de lance de ce grand gaillard à face de citron, et pour lors nous voilà quittes.

— Ainsi vous, ancien Volontaire de la Charte, vous n'avez pas de répugnance à servir sous les ordres d'un ancien officier de la garde royale?

— Et pourquoi en aurais-je? Est-ce que je savais seulement pour qui ou pour quoi je me battais il y a huit ans? Les malheurs et l'expérience m'ont un peu mûri la cervelle; tout ce que je sais maintenant, c'est que vous et moi nous servons le même gouvernement, que nous sommes à cinq à six mille lieues de notre pays, et que j'aime mieux vous avoir pour chef qu'un *god fredom;* aussi, mon capitaine, si vous croyez m'avoir encore quelque obligation pour l'affaire d'hier, je solliciterai de vous pour toute faveur de me conserver dans votre compagnie, et j'espère que vous n'aurez pas lieu de vous en repentir.

— Je ne demande pas mieux, répondis-je; toutefois cela ne dépend pas entièrement de moi; mais je compte bien que le colonel ne me refusera pas, et vous pouvez dès aujourd'hui vous regarder comme faisant partie de ma compagnie. » Là-dessus je le congédiai en lui serrant la main.

Roger avait raison. Le temps et l'éloignement changent bien l'aspect des choses, et affaiblissent considérablement les haines de parti. Je crois que, si ce n'eût été pour conserver le *decorum* de mon grade, j'aurais serré dans mes bras l'ancien Volontaire de la Charte, comme s'il eût été un ex-soldat de la garde royale.

Pendant tout le temps de mon séjour à Billiton, je n'eus qu'à me louer de la conduite de Roger. Enfin, au bout de deux mois, je reçus du gouverneur général le brevet de major, avec l'autorisation de nommer directement à tous les emplois de sous-officiers et de caporaux ceux que j'en croirais dignes, et de désigner pour l'avancement et les récompenses les officiers que j'aurais distingués pendant notre expédition.

Parmi les premières promotions que je fis, Roger ne fut pas oublié. Je lui rendis d'abord ses galons de sergent; et quand, sur ma proposition, mon premier lieutenant fut nommé capitaine pour me remplacer, et que tous les autres officiers eurent avancé d'un grade, je nommai Roger sergent-major en place du sous-officier de ce grade passé sous-lieutenant.

Ces arrangements étaient à peine terminés, que

je reçus du gouverneur général l'ordre de me rendre à Palembang, dans l'île de Sumatra, pour m'assurer si les autorités indigènes de cette résidence exécutaient fidèlement les traités relatifs à la répression de la piraterie dans le détroit de Banka, et sur les côtes de cette partie de l'île de Sumatra jusqu'au détroit de la Sonde. Je devais rester à Palembang et y attendre l'arrivée du résident qui serait nommé à ce poste, en remplacement de celui qui s'y trouvait en ce moment et qui était appelé à d'autres fonctions. En même temps mon ancienne compagnie était appelée à Batavia, et il ne restait à Billiton qu'une petite garnison composée d'un détachement de soldats de marine commandés par un lieutenant.

Je quittai, non sans regret, mes anciens compagnons d'armes. Roger me fit ses adieux, dans lesquels il exprimait chaleureusement sa reconnaissance pour moi, et, tout en me félicitant de mon avancement, il se montrait vivement contrarié de ce que cet avancement allait me séparer de lui peut-être pour longtemps. « Que cela ne vous chagrine pas, lui répondis-je, j'appartiens toujours à votre régiment; j'aurai l'œil sur vous, et si vous vous comportez bien, vous pouvez compter sur ma protection, qui sera plus puissante que lorsque j'étais simplement capitaine.

— Allons, adieu, major, me dit-il d'un ton pénétré, j'espère que nous nous reverrons bientôt.

— Je l'espère aussi, car ma mission de Sumatra ne doit pas durer longtemps. »

Je ne devais le revoir que plusieurs années après et dans des circonstances bien pénibles, comme on l'apprendra par la suite de ce récit.

CHAPITRE XI

Arrivée à Palembang. — Aspect de cette ville. — Mes relations avec le principal ministre du sultan. — Bon effet du langage que je lui tiens. — Société agréable avec laquelle je me lie. — Excursions dans différentes parties de l'île. — Le pays des Lampoungs. — Relation d'une chasse sur les bords du lac Douna-Louwar. — Rencontre d'une troupe d'éléphants sauvages. — J'accompagne des chasseurs lampoungs dans une chasse aux éléphants. — Récit de cette excursion.

Je m'embarquai sur le petit aviso à vapeur attaché à notre flottille, et, après une courte navigation, nous arrivâmes sur la côte de Sumatra. Nous remontâmes un fleuve fort large, mais peu profond, appelé le Moussi ou le Sounsang, dont les rives sont extrêmement basses. C'est sur les bords de ce fleuve qu'est bâtie la ville de Palembang, capitale du royaume ou de la résidence de ce nom. Cette ville, qui compte au moins trente mille habitants, qui a des relations fort étendues avec toutes les îles malaises, l'Inde, la Birmanie, Siam, l'Annam ou Cochinchine et la Chine, ne se compose que d'une réunion de cabanes en bambous et en nattes couvertes en chaume. Je n'y ai vu que deux édifices en pierre, le palais ou *dalan* du sultan et la grande mosquée ou *mesdjid*. Ce dernier édifice ressemble plus à un temple chinois qu'à une mosquée arabe.

La demeure du résident hollandais est plus propre, mieux tenue que les autres habitations du pays; mais elle n'offre rien de bien remarquable, surtout pour quelqu'un habitué comme moi aux somptueuses demeures des habitants de Batavia.

Le résident me mit au courant de la situation des affaires, ou plutôt il chargea de cette besogne son secrétaire; car lui-même ne s'en mêlait guère, et s'occupait plutôt des spéculations commerciales que des intérêts du gouvernement. C'était là le motif pour lequel il avait été révoqué, quoiqu'on eût déguisé sa disgrâce sous la formule usitée souvent en pareil cas : « appelé à d'autres fonctions. » Du reste, il en riait le premier, et disait que depuis longtemps déjà il faisait d'autres fonctions que celles dont il était chargé officiellement.

Quelques jours après mon arrivée il partit, me laissant sur les bras une besogne fort peu attrayante pour moi, et dont je n'avais pas la première idée. Cependant je l'entrepris avec courage, et, grâce au secrétaire, qui était un véritable travailleur, je fus assez vite mis au courant. J'eus plusieurs conférences, non pas avec le sultan, car Son Altesse ne daigne pas se mêler d'affaires, mais avec son principal ministre (adipati), qui m'était signalé comme protégeant presque ouvertement les pirates de la côte. Je lui parlai avec sévérité et une franchise toute militaire. Ce langage, auquel il n'était pas accoutumé, parut produire sur lui beaucoup d'effet, surtout quand il apprit que j'arrivais de Billiton, et que j'étais un de ceux qui avaient le plus contribué à détruire le fameux nid de pirates de cette île.

A compter de ce moment tout marcha à merveille. Je reçus des compliments du gouverneur général, et mon secrétaire, enchanté, m'assura que maintenant, avec ses deux commis, il se chargeait de toute la besogne; qu'il me ferait seulement un rapport de temps en temps, pour me tenir au courant des affaires. Comme j'étais parfaitement sûr de la capacité et de la probité de ce fonctionnaire, cet arrangement me convint assez; seulement je voulus avoir au moins un rapport verbal chaque jour; mais dès lors, débarrassé du principal souci qui m'avait occupé à mon début dans mes fonctions nouvelles, je pus me permettre quelques distractions.

Le commandant de l'aviso qui m'avait amené à Palembang me fit faire la connaissance d'une société fort aimable, et que je fus étonné de rencontrer dans ce pays-là. Elle se composait de deux Anglais et de trois Hollandais, créoles de Surinam. Tous les cinq étaient d'anciens élèves de l'université d'Oxford, appartenant à de riches familles; tous avaient le goût des voyages; et ils avaient entrepris de visiter ensemble une partie du globe. Ils arrivaient en ce moment du cap de Bonne-Espérance, et ils se proposaient de visiter toutes les principales îles de la Malaisie. Depuis six mois ils étaient fixés à Sumatra, et déjà ils avaient parcouru une partie de l'île, soit en chassant, soit en se livrant à des explorations d'histoire naturelle.

Je me liai bientôt avec eux, et je fis partie de

la plupart de leurs excursions dans l'intérieur de l'île, c'est-à-dire dans la partie qui est soumise au gouvernement hollandais ; car la plus grande partie de cette île est encore indépendante, et habitée par des peuplades presque sauvages. La contrée que nous explorâmes la première est le pays des Lampoungs, qui font partie de la résidence, mais non pas du royaume de Palembang. C'est-à-dire que les Lampoungs sont soumis directement à l'autorité du résident hollandais, et sont indépendants du sultan.

Les Lampoungs sont de tous les habitants de Sumatra ceux qui ressemblent le plus aux Chinois, par leurs visages en losange et leurs yeux bridés. Ils sont mahométans, ou plutôt ils reconnaissent un dieu qu'ils nomment *Allah* comme les mahométans, et c'est à peu près là que se borne leur acte de foi à la religion du prophète ; ils vénèrent des esprits supérieurs, des *djûns*, des *dionaïs*, mot emprunté aux *dioutas* des Hindous. Du reste, ils sont livrés aux superstitions les plus absurdes, comme j'aurai bientôt occasion de le raconter.

Le pays des Lampoungs est un des moins fertiles de l'île de Java ; mais il abonde en gibier.

Les forêts sont peuplées d'éléphants, de rhinocéros, d'antilopes, de cerfs, de daims, de civettes. Le porc-épic et plusieurs espèces de singes, particulièrement le singe à menton barbu (*simia nemestrina*), qui paraît particulier à cette grande terre, s'y rencontrent fréquemment. Parmi les habitants des forêts, mais surtout dans la partie montagneuse, il ne faut pas oublier l'orang-outang (homme des bois), ni le tigre royal, qui est la terreur de cette partie de l'île.

Nous faisions souvent, mes nouveaux amis et moi, des chasses fort intéressantes dans le pays des Lampoungs. Nous étions admirablement secondés dans ces expéditions par des hommes de cette nation, qui sont d'intrépides chasseurs, et nous les préférions de beaucoup aux *koolies* ou domestiques indiens qui nous servaient habituellement.

Dans une de ces chasses, sur les bords du beau lac Douna-Louwar, nous rencontrâmes une troupe d'éléphants sauvages, que nous n'hésitâmes pas à attaquer. Du reste, comme je retrouve dans mes papiers la relation que je fis alors de cet épisode à mon ami le docteur Weelkaer, de Batavia, je vais la mettre sous les yeux de mes lecteurs, sans en rien retrancher, supposant qu'elle leur offrira quelque intérêt. Après lui avoir donné de longs détails sur les préparatifs de notre chasse, et sur les difficultés que nous avions rencontrées jusqu'au moment de l'exécution, je continuais ainsi :

« Nous étions réellement heureux nous autres, lorsque nous nous trouvâmes enfin réunis, et nous nous dirigeâmes à force de rames à travers le Douna-Louwar, dans l'espoir d'une bonne chasse au cerf. Le temps était admirable. Quel spectacle riant et resplendissant que ce lac qui s'étendait à nos yeux, que ces arbres majestueux mirant leur épais feuillage dans l'onde pure du Douna-Louwar, dont les bords sont si délicieusement favorisés par la nature ! Notre impatience fut grande de rassembler nos prahous et nos gens, afin de nous rendre le plus vite possible sur le lieu où, d'après les avis récemment obtenus, se trouvaient le cerf et le daim. Nous voilà enfin relégués dans l'espèce d'enclos où les traces des animaux se montraient imprimées dans la terre humide. Mais quel fut notre étonnement lorsque nous observâmes aussi quelques pas d'éléphants ! Aucun de nous cependant ne crut que nous courussions un grand danger. Chacun se mit à son poste, derrière l'embûche de rotins dressée contre les cerfs. Le coin (*tanjong*) que nous occupions n'avait que deux à trois cents mètres de largeur ; aussi tous les chasseurs pouvaient-ils se masquer convenablement derrière le taillis. On inspecta le fusil et la carabine ; le couteau de chasse, le klewang (sabre malais) et les lances brillèrent ; tout fut dans l'anxiété la plus vive ; tour à tour l'espoir et la crainte nous faisaient bondir le cœur.

« Déjà nos piqueurs indiens (*krio's*) étaient envoyés pour donner l'alerte à nos aides et à nos meutes. A peine se furent-ils avancés, que des cris épouvantables, ou plutôt un hurlement qui nous glaça d'effroi, sortit du fond du bois. Plus de doute qu'une troupe d'éléphants ne se trouvât dans l'enceinte. Ce fut un moment de terreur panique ; c'est que, en effet, qui n'a jamais entendu les cris de plusieurs éléphants à la fois ne saurait se défendre, dans le premier moment, d'un mouvement d'anxiété et de frayeur. Soudain nous entendons les chasseurs se remuer, la plupart des indigènes se mettent à fuir à toutes jambes, et toute la bande est en pleine confusion. De crainte que les bruyantes conversations des Indiens n'ar-

Nous attendîmes que les éléphants fussent près de nous,
et alors nous ouvrîmes un feu de mousqueterie bien nourri.

rêtassent le cerf, on avait éloigné quelque peu les prahous des bords du lac; plusieurs fuyards, croyant déjà se sentir dans les côtes les dents des éléphants, s'étaient approchés des bords et voulaient se jeter à la nage pour se précipiter dans les prahous. Malheureusement le lac est plein de caïmans ; aussi quelques *koolies* de crier à tue-tête : « Bouaja! bouaja! caïman! caïman! » Ils ne savaient où se sauver; de tous côtés ils se voyaient entourés de monstres affreux. Plusieurs indigènes avaient grimpé aux arbres; d'autres qui s'enfuyaient du lac revenaient de notre côté, et nous suppliaient à grands cris de chercher comme eux notre salut dans la fuite; mais nous avions repris courage, et nous restions avec le plus grand sang-froid à notre poste, résolus à braver tous les dangers; seulement deux ou trois chefs indigènes, qui s'étaient familiarisés avec la chasse aux éléphants, se joignirent à nous.

« Au même instant, une trentaine d'éléphants s'avancèrent majestueusement en colonnes serrées. Nous attendîmes qu'ils fussent près de nous, et, lorsqu'ils ne se trouvèrent plus qu'à une distance de quatre à cinq pas, un feu de mousqueterie bien nourri fut ouvert; les monstres, saisis d'effroi, regagnèrent en toute hâte la forêt. Mais, de l'autre côté, les cris des Indiens et les aboiements des chiens les forcèrent encore de venir chercher un passage. Leur nombre s'était accru jusqu'à soixante, une grande partie de ces animaux n'étant pas sortis du bois lors de la première attaque. Pendant ce temps nous avions rechargé nos carabines et nos fusils, et, plus rassurés, nous reçûmes l'ennemi d'une manière bien plus vive que la première fois. Toute la troupe passa au galop et fut saluée par nous d'une grêle de balles. C'était un spectacle imposant que de voir dans leur liberté naturelle ces animaux, que je n'avais jamais vus qu'apprivoisés, et dont quelques-uns avaient trois à quatre mètres de hauteur. Plusieurs étaient frappés, d'autres ne marchaient qu'en chancelant et soutenus par leurs compagnons. Un jeune éléphant qui avait reçu de graves blessures devait rester en arrière, mais la mère veillait près de lui. Nous allâmes à la rencontre de nos fuyards, qui, entendant le feu continuer, reprirent enfin courage ; ils n'étaient pas maintenant les moins braves à poursuivre l'ennemi et à se réunir à nous pour faire grand fracas de coups de fusil. Le jeune éléphant dont je viens de parler tomba bientôt sous ce feu incessant; la mère resta néanmoins; elle poussa des hurlements affreux et voulut encore défendre le corps de son enfant; mais nombre de balles bien ajustées la firent tomber également victime de notre fureur guerrière et de son amour maternel. De tous les côtés les cris d'allégresse retentirent alors dans le bois. On avait remporté une victoire signalée sur l'habitant terrible des forêts; ceux qui n'avaient point osé attendre la première attaque se pressèrent surtout autour des deux cadavres, des deux trophées. Nous avions laissé échapper le daim et le cerf pour combattre ensemble les éléphants; la joie, l'enivrement du bonheur se peignait sur tous les visages; les demandes et les réponses se croisaient, sans avoir souvent entre elles le moindre rapport; c'était à qui avait le mieux ajusté, à qui ferait observer les blessures mortelles que chacun prétendait avoir portées. On ordonna d'emporter les mâchoires de ces deux éléphants comme souvenirs mémorables de cette joyeuse journée. »

Ainsi nous avions vaincu sans beaucoup de peine, mais non sans une certaine anxiété, les plus redoutables habitants de ces contrées sauvages. Tout cela n'est rien cependant, comparativement aux fatigues et aux dangers de ceux qui font la chasse aux éléphants dans le but de s'emparer de leurs dents pour les vendre aux marchands d'ivoire. J'ai voulu accompagner quelques chasseurs lampoungs dans une expédition de ce genre, et je pense que mes lecteurs ne seront pas fâchés d'en connaître quelques particularités.

Nous avions une course des plus rudes à faire; je me trouvais dans un petit prahou, attendu qu'il était devenu impossible, à cause du peu de profondeur de l'eau, de me servir du grand prahou avec lequel j'étais parti de Palembang. J'atteignis enfin un lieu appelé Poulou-Groungang, où se trouvait une espèce d'habitation construite tant bien que mal de grandes feuilles et d'écorces d'arbres. C'est le refuge accidentel des coupeurs de bois et de rotin de Palembang; cette hutte était alors habitée par quelques individus occupés à scier des planches et à faire des sacs de rotin appelés *sacs-kapas*. J'y établis mon quartier. Mes Lampoungs avaient déjà remonté quelque peu la rivière, et pénétré dans l'intérieur du pays. A vingt-quatre kilomètres de là, à Ladang-Krekil, village assez peuplé, ils avaient appris que, depuis quelque temps, un éléphant seul, à défenses énormes, comme on se plaisait à le raconter, faisait la nuit ses visites et ravageait sans beaucoup de façon les rizières ; cette nouvelle me donna l'espoir de voir se réaliser notre projet. Mais il fallait attendre des avis ultérieurs, gêné que j'étais dans mon embarcation, qui, quoique petite, était encore trop grande pour remonter une rivière pleine de bas-fonds.

En général la contrée est très-basse ; aussi dans la mousson d'ouest est-elle submergée. Partout on voit la canne, et l'on ne remarque que bien rarement quelques accidents de terrain couvert de bois et d'*alang-alang*. Le *Babatan* (c'est le nom de la petite rivière sur laquelle je naviguais) serpente à travers ces marais, qui, dans la mousson d'est, se transforment en autant de champs d'alang-alang ; la rivière tombe à six heures en deçà de Poulou-Groungang dans le Mesoudji, qui se jette dans la mer, au nord de l'île de Boom ou Poulou-Mesoun.

Cette contrée me parut extrêmement fertile ; mais elle est non moins féconde en histoires ou en contes sinistres qui épouvantent les indigènes ; toutefois il n'y a pas lieu de s'en étonner, puisque, pendant le peu de jours que je me suis arrêté à

Poulou-Groungang, quatre hommes furent dévorés par les tigres à Krekil et un individu arraché de son prahou par un caïman sur le Mesoudji. Ma troupe revenait aussi, tout effrayée et désorganisée, après avoir cherché vainement pendant trois jours les traces du grand éléphant de Ladang-Krekil, les tigres ayant rendu la chasse impossible pendant la nuit.

Dans la soirée du 7 avril, je m'embarquai dans un petit prahou que je fis avancer tout doucement à la rame, afin de surprendre, à la faveur de la lune, quoique un peu obscurcie, quelque gibier pour notre propre consommation; car nous en étions réduits au riz sec pour toute nourriture et à l'eau pour toute boisson. Vers dix heures du soir nous entendîmes quelques cris d'éléphants, et nous nous empressâmes de suivre la direction d'où partaient ces hurlements. Mais vers minuit il fut impossible de poursuivre notre route sur l'eau à cause des bas-fonds; et, comme les éléphants paraissaient être encore à une grande distance, nous résolûmes de prendre du repos sur nos prahous.

Le jour suivant tout resta tranquille; mais comme je savais que ces animaux sortent des bois dans l'après-midi pour descendre dans les marais, et qu'ils se trahissent alors par le bruit de leur marche, j'envoyai quelques indigènes en reconnaissance dans la direction de l'est, dans laquelle je croyais avoir entendu leurs cris rauques et gutturaux. En même temps je me rendais à la rame vers cette direction, en suivant une autre voie. Au milieu d'une forte pluie qui nous mouilla jusqu'aux os et humecta nos fusils, à quatre heures de l'après-midi, les éléphants commencèrent enfin à se faire entendre; mais ce ne fut cependant que deux heures plus tard que nous aperçûmes dans une pièce d'eau parsemée de hautes cannes (*poeron*) la troupe, partie dévorant le feuillage, partie se jouant dans l'eau. Nous grimpâmes sur les quelques arbres qui se trouvaient près de là, et de ce siége élevé nous aperçûmes une cinquantaine d'éléphants, tant jeunes que vieux, tout près de nous; ils arrachaient, au moyen de leurs trompes, la canne, dont ils formaient des bottes si épaisses, qu'on n'eût pu les étreindre des deux bras; ils les tournaient en battant l'air, et en faisaient jaillir, comme d'une fontaine, l'eau qui retombait sur leurs corps énormes; puis ils portaient la canne à la bouche, et d'un coup ils tranchaient la partie blanche inférieure. Apparemment ils tournaient et battaient ainsi ces roseaux pour en faire sortir la bourbe et le sable, ou pour s'en humecter le corps et se protéger contre les innombrables moustiques.

Lorsqu'ils se trouvent ainsi réunis en troupes nombreuses (ce que les Malais appellent *gadja-kawa*), ils ne sont pas aussi méchants que quand ils sont isolés ou par petits groupes (*gadja-tongal*); c'est dans ce dernier cas surtout qu'on doit être sur ses gardes.

Il paraît que les troupes d'éléphants ne sont formées presque que de femelles; car l'on n'y remarque pas d'éléphants armés de longues défenses, sinon quelques petits que les mères prennent au milieu d'elles à l'approche des dangers, pour les défendre à outrance.

Les troupes sont appelées *gadja-kaman* quand elles ne se composent que de femelles, et *sebanger* s'il s'y trouve réunis de grands et de petits éléphants; la nôtre était donc de la dernière espèce.

On ne peut que former des conjectures sur ce fait que les mâles se tiennent éloignés; les Indiens disent qu'ils se séparent des troupes aussitôt qu'ils se sentent assez forts et assez hardis pour vivre

seuls et pour braver sans appui tous les dangers.
Mais il faut, en général, se défier des renseignements que peuvent donner les Indiens sur tout ce qui se rapporte à l'histoire naturelle, dont ils ne possèdent que des données confuses, empreintes de leurs erreurs populaires. Et, d'un autre côté, ce qu'ils rapportent des éléphants porte le cachet du ridicule; ils attribuent à ces animaux non-seulement la raison humaine, mais aussi des qualités surnaturelles.

Ils disent, par exemple, que la foudre est produite par le claquement des oreilles des éléphants, et ils la désignent sous le nom de *kilapgadja*. Aussi un chasseur d'éléphants observe-t-il avec soin ce bruit, et un de mes Lampoungs m'assura naïvement qu'il avait toujours suivi la ligne dans laquelle la foudre décrivait ses sillons, et que de cette façon il ne s'était jamais encore trompé sur le lieu où se tenaient les éléphants; mais ajoutons, pour l'intelligence de ce fait, que ce n'était quelquefois qu'après avoir couru sept ou huit jours dans cette direction; or, dans un pays où ces animaux sont si nombreux, on doit finir à la longue par en rencontrer quelques-uns. Toujours faut-il rendre à ces chasseurs la justice de reconnaître qu'ils sont entreprenants, infatigables et intrépides : ils s'approchent de l'éléphant qu'ils se sont désigné, d'un arbre à l'autre, et ne tirent qu'à quelques pas de distance; ils visent à atteindre l'animal soit derrière les oreilles, soit au cœur; parfois ils grimpent sur un arbre, et tâchent d'atteindre le petit creux au-dessus de la tête de l'éléphant, où la boîte osseuse qui recouvre la cervelle est moins épaisse. Le bruit des coups de fusil ne paraît pas effrayer les éléphants, et, de plus, les chasseurs prétendent qu'ils sont myopes; c'est par suite de cette circonstance, disent-ils, que l'on peut frapper parfois quelques-uns de la troupe sans que les autres en soient alarmés. Si la victime ne tombe pas roide morte, il arrive bien rarement que l'animal blessé pousse des cris et fixe l'attention de ses camarades; ce n'est que quand ils découvrent le chasseur, qu'à un signal qu'ils se donnent entre eux, ou ils l'attaquent, ou bien la troupe se met à fuir, après avoir cherché à sauver les blessés, fût-ce au péril de leur propre vie.

Si un éléphant est frappé mortellement et qu'il tombe, les chasseurs, n'ayant plus de motif pour se masquer, se jettent sur lui et lui coupent immédiatement la trompe au moyen de leurs couteaux à grandes lames. Pourtant il arrive souvent que les éléphants ne sont qu'étourdis, et malheur au chasseur imprudent qui se hasarde trop près; car ces colosses mouvants se redressent avec une rapidité inconcevable.

On raconte, et même je l'ai lu imprimé, que la pesanteur de l'éléphant le gêne toujours, et qu'il a la plus grande peine du monde, une fois assis ou couché, à se relever. Cette assertion n'est pas exacte; j'ai vu maintes fois se redresser des éléphants aussi facilement que d'autres animaux. Si l'éléphant est blessé et qu'il se mette à fuir, le chasseur indien le poursuit sans relâche, jusqu'à ce que son premier coup de feu ou de nouvelles balles l'en rendent maître; il se munit pour cette chasse de longue haleine d'une provision de riz pour quelques jours, il passe la nuit sous le feuillage ou sur un arbre, et pendant le jour il suit les traces du blessé, sur lesquelles il ne peut guère se tromper; car, si l'éléphant va de son pas traînant et pesant au milieu de l'alang-alang, il ouvre ainsi une espèce d'allée de soixante-six centimètres environ de largeur, où pas le plus petit brin d'herbe ne reste debout; si le colosse prend son chemin au travers du bois, le chasseur a la même facilité pour suivre ses traces; car tout se brise et se rompt sous son poids énorme et par la force de son corps : des arbres de la grosseur du bras, il les casse comme une canne; aussi les broussailles ne l'arrêtent pas.

On se sert ordinairement pour la chasse aux éléphants de balles d'étain ou de cuivre jaune, le plomb s'aplatissant sur la peau si dure de l'animal et ne la perçant pas assez profondément. Le chasseur indien n'aime pas les carabines; il dit que la balle sortie d'une telle arme a bien une grande force, mais qu'elle va trop en ligne directe; les indigènes préfèrent de beaucoup un grand fusil ordinaire. Mon bonhomme lampoung, celui qui prétendait trouver les éléphants sur l'indication de la foudre, m'assurait que la balle de son vieux fusil de la compagnie anglaise allait en zigzag, de sorte que, au moyen d'une seule balle, il faisait souvent trois ou quatre blessures.

Je ne voulais pas paraître incrédule en présence d'une conviction si profonde et des assurances les plus solennelles de la vérité de ce qu'il avançait. Et il ajouta encore : « Que de fois il m'est arrivé de me heurter contre une troupe d'éléphants parmi lesquels je n'en avais observé aucun armé de dents; tout à coup j'en vois un qui a l'ivoire sortant de la bouche d'une demi-brasse; et soudain, au moment où je veux faire feu, ses dents ont disparu! »

En écoutant ces contes, les indigènes font un mouvement significatif de la tête; ils disent ordinairement : « *Gadja banjack silouman*, les éléphants aiment à se jouer de nous, en vrais loups-garous. » Ils prétendent encore que, dans les terrains de cette île, il y a un certain lieu où ces quadrupèdes monstrueux, devenus âgés et maladifs, se rendent pour mourir; là, les ossements et l'ivoire se trouvent amoncelés haut comme des maisons; l'homme ne peut s'approcher de ce lieu, car il est bientôt ensorcelé, et deux ou trois éléphants d'une grandeur démesurée défendent l'entrée de cet ossuaire; en outre, ces Cerbères d'une nouvelle espèce sont invulnérables, et des milliers de balles ont été déjà tirées sur eux sans qu'ils aient été blessés.

Mais en voilà assez sur les contes et les superstitions des Lampoungs au sujet des éléphants; il est temps de revenir à notre chasse. Après avoir contemplé pendant un certain temps, du haut des arbres où nous étions grimpés, la troupe qui jouait dans le marais, et avoir compté un à un les individus qui la composaient, nous descendîmes de nos arbres, et nous nous assemblâmes pour délibérer si nous attaquerions ou non les éléphants; mais, comme la nuit commençait à tomber et que nous ne voyions point de mâles parmi la troupe, nous jugeâmes très-imprudent d'aborder ces ennemis dans un lieu où il n'y avait que peu d'eau et de broussailles, et où nos mouvements dans les prahous seraient contrariés, tandis qu'eux pourraient se mouvoir en toute liberté et ne cesseraient pas de nous assaillir une fois qu'ils seraient blessés, si nous ne pouvions nous éloigner aussitôt. Nous résolûmes donc d'attendre jusqu'au jour suivant, d'autant plus que probablement les éléphants s'endormiraient dans notre voisinage, et qu'alors nous pourrions facilement les surprendre.

Depuis quelque temps il nous semblait entendre le roucoulement de la tourterelle, mais éloigné et avec des sons qui nous paraissaient contrefaits. C'était par ce signal que devaient se faire reconnaître le reste de nos chasseurs lampoungs, que nous avions quittés la veille. Nous répondîmes à ce signal de la même manière, et soudain nous vîmes s'élancer des broussailles nos chasseurs, les cheveux flottants, tout trempés, le fusil sur l'épaule. Ces braves gens, à cause de l'obscurité, n'avaient pu distinguer nos prahous des éléphants ; ils accouraient partie nageant, partie sortant des marais et du bois. Nous les prîmes dans nos prahous et les transportâmes à leurs embarcations ensevelies à moitié sous l'eau. Nous leur donnâmes rendez-vous pour le lendemain.

Ces chasseurs infatigables avaient dû, dans quelques parties du bois, sauter comme des singes ou des écureuils d'un arbre à l'autre ; il serait difficile de se faire une idée de leur ardeur, de leur courage et de leur adresse, et je dois reconnaître que, dans ce genre de chasse, tous les Européens restent beaucoup au-dessous d'eux.

Tout était donc préparé pour le lendemain ; mais que vous dirai-je, souvent les plans les mieux combinés échouent. Le matin du 9 avril, à la pointe du jour, nous nous trouvâmes tous au lieu désigné pour notre réunion, après avoir passé une nuit des plus désagréables par suite d'une forte pluie et de grands coups de vent. Les éléphants étaient déjà retournés dans la forêt; nous suivîmes leurs traces dans le *koumpeh*, jusqu'à ce que nous ne pûmes plus avancer par suite des difficultés du terrain. Nous avions quitté nos prahous, et traversé avec la plus grande peine du monde un marais, lorsque nous nous trouvâmes tout à coup au bord d'un lac qui nous barrait entièrement le passage : impossible de le franchir sans nos bateaux restés en arrière. Quant à les traîner au travers du marais, nul n'y songea, et nous nous estimâmes assez heureux d'y revenir pour nous embarquer et nous reposer de nos fatigues. Je songeai alors au retour. C'est avec peine que je laissais échapper l'occasion de mener à fin notre entreprise; mais mon absence ne pouvait se prolonger plus longtemps, et je retournai à Palembang, satisfait du moins des renseignements que j'avais recueillis, et laissant à nos intrépides Lampoungs les soucis de la poursuite ultérieure de l'animal à grande trompe.

CHAPITRE XII

Description de l'île de Sumatra. — Voyage à Benkoulen. — Excursion à la montagne sacrée de *Gounoung-Bonko* (le Pain-de-Sucre). — Aspect du pays. — Population de la ville de Benkoulen. — Visite à la résidence de Padang. — Possessions hollandaises dans l'île de Sumatra. — Partie indépendante. — Le royaume d'Achem. — Le royaume de Siak. — Confédération des Battas. — Gouvernement de Battas. — Mélange de mœurs civilisées et de coutumes barbares. — Anthropophagie appliquée comme punition légale. — Mœurs et coutumes des Beyangs. — Leur croyance à la métempsycose. — Les habitants de Menangkabou. — Goût général des peuples malais pour l'opium.

L'île de Sumatra s'étend du nord-ouest au sud-est l'espace de quinze cents kilomètres; sa largeur varie de quatre-vingts à trois cent quarante kilomètres. C'est, comme on le voit, une des plus grandes îles du monde. Une chaîne de montagnes la traverse dans toute sa longueur :

elle se rapproche surtout de la côte occidentale, mais ses côtes sont basses et marécageuses.

L'équateur coupe obliquement Sumatra en deux parties à peu près égales; néanmoins cette île jouit d'une température assez modérée, le thermomètre ne s'élevant guère au-dessus de vingt-quatre degrés Réaumur, tandis que dans le Bengale je l'ai vu atteindre trente-quatre degrés au commencement de novembre. Dans l'intérieur, les habitants sont obligés d'allumer du feu pour se chauffer, à cause des brouillards (*kabout*) qui enveloppent les collines, et ne sont entièrement dissipés que trois heures après le lever du soleil. Le tonnerre et les éclairs sont fréquents, surtout pendant la mousson du nord-ouest, temps de la saison pluvieuse qui commence en décembre et finit en mars; la mousson sèche commence en mai et finit en septembre. Les gelées, la neige et la grêle sont inconnues à Sumatra, même sur les plus hautes montagnes, et il y en a quelques-unes qui s'élèvent à plus de trois mille cinq cents mètres au-dessus du niveau de la mer.

Dans un voyage que je fis à Benkoulen, sur la côte ouest de l'île, j'eus occasion de visiter une de ces montagnes, et la relation de cette excursion fera connaître ce pays si singulier et si pittoresque mieux que ne le ferait une description méthodique.

La montagne en question se nomme le *Gounoung-Bonko*, c'est-à-dire le Pain-de-Sucre. Elle est loin d'être une des plus hautes de l'île, car elle n'a guère que mille mètres au-dessus du niveau de la mer; mais elle s'élève détachée de la chaîne dont elle fait partie, et, par sa conformation particulière qui lui a valu son nom, elle est un excellent point de reconnaissance sur cette partie de la côte. Le Bonko est situé à vingt-quatre kilomètres environ dans le nord-est de Benkoulen; sa position et sa distance de cette ville n'avaient jamais été bien déterminées; deux fois déjà des Européens avaient vainement cherché à le gravir, et l'opinion populaire prétendait qu'il était inaccessible. Les montagnes remarquables, comme celle-ci, passent généralement, dans l'opinion des naturels de Sumatra, pour être la demeure des esprits, et leurs sommets sont considérés comme *kramats*, c'est-à-dire sacrés. Le sommet du Pain-de-Sucre est un kramat de cette espèce, et, par superstition, aucun des naturels ne s'aventurerait à le visiter.

Pendant mon séjour à Benkoulen, quelques ingénieurs et deux officiers de marine avaient formé le projet de hasarder une nouvelle tentative, espérant rectifier et étendre les observations déjà faites sur la côte, et parvenir à une connaissance plus complète de cette partie du pays. Trois de mes nouveaux amis, dont j'ai parlé dans le chapitre précédent, un Anglais et deux Hollandais, qui m'avaient accompagné à Benkoulen, ayant entendu parler de ce projet, voulurent s'y associer, et me proposèrent d'être de la partie. J'acceptai avec empressement. Le fils du résident de Benkoulen et deux négociants de cette ville voulurent se joindre à nous; de sorte que notre caravane se trouva composée de douze personnes, sans compter les domestiques indigènes et koolies chargés de soigner nos chevaux, de dresser nos tentes et de préparer nos repas.

Le 8 juin 1839, nous nous mîmes en route. Après avoir traversé la rivière de Benkoulen, nous parcourûmes le pays à cheval, jusqu'à Lonbou-Ponar, où nous passâmes la nuit. Le lendemain il fallut laisser nos chevaux dans ce village, vu l'impossibilité de les conduire plus loin, et nous acheminer à pied dans la direction de Pandjong, dans le pays des Reyangs, peuple dont je parlerai tout à l'heure. Le troisième jour, nous passâmes la nuit à Redjak-Bessi, dernier village qu'on trouve sur le chemin de la montagne. Ce village est situé sur les bords de l'Ayer-Kiti, ruisseau qui tombe dans le Simpang-Ayer, au-dessous de Pandjong. Dans cet endroit, nous commençâmes à prendre des dispositions pour escalader la montagne, et nous nous précautionnâmes d'une petite tente, dans le cas où un jour ne suffirait pas pour la gravir.

Partis de Redjak, nous fîmes environ cinq milles sur un terrain inégal, peu élevé d'abord, mais bientôt devenu plus roide et présentant enfin les plus grands obstacles. Arrêtés promptement au pied d'un rocher suspendu au-dessus de nos têtes, nous dressâmes notre tente en cet endroit même, car il eût été impossible de la porter quelques pas plus loin. Le chemin, depuis Redjak, est traversé d'épaisses forêts qui cachent entièrement la vue de la montagne; et, depuis ce village, on cesse de l'apercevoir, quoique, de plus loin, elle semble suspendue au-dessus. C'est alors que nous pûmes nous faire une idée des difficultés qu'allait présenter la roideur de la montée. Nos deux négociants de Benkoulen, effrayés de ces difficultés, ne voulurent pas dépasser Redjak-Bessi.

En quittant ce village, nous avions traversé, sur un pont de bambous, construit pour le moment, une petite rivière ou torrent qui se précipite d'une hauteur considérable dans un abîme affreux resserré entre deux rochers, et ne laissant aux eaux qu'un canal fort étroit. Ce pont, suspendu à plus de trois cents mètres au-dessus du torrent, et d'où la vue se perd dans l'immensité d'un spectacle magnifique, forme, avec la cascade et le bois qui l'environne, un tableau des plus pittoresques qu'il soit possible d'imaginer. De là nous marchâmes, pour ainsi dire, continuellement sur le bord de précipices aussi dangereux qu'effrayants; mais le dernier que nous rencontrâmes était surtout fait pour décourager les plus intrépides. Il s'agissait de le franchir, en faisant plusieurs pas sur le bord très-étroit d'un rocher à pic et d'une élévation tellement considérable, que l'œil plongeait au fond de cet abîme sans pouvoir rien distinguer. Un tronc d'arbre desséché était le seul point d'appui d'où, avec un élan vigoureux, on pouvait réussir à quitter cet endroit dangereux. Le moindre faux pas, le moindre vertige, et l'on était perdu sans ressource. Nos deux marins, qui marchaient en tête, franchirent hardiment cet obstacle. Deux des ingénieurs les imitèrent; puis l'Anglais qui me précédait immédiatement. C'était mon tour; j'avoue que j'eus un moment d'hésitation, surtout en entendant quelques-uns de ceux qui me suivaient dire que c'était une folie, et que, pour aucun prix, ils ne tenteraient ce saut périlleux. D'un autre côté, ceux qui avaient franchi l'obstacle nous encourageaient à les imiter, en disant que c'était le dernier pas difficile, et qu'il serait honteux d'être arrivé jusquelà sans aller jusqu'au bout. L'amour-propre s'en mêla, et je ne voulus pas rester en arrière; en un clin d'œil je me trouvai auprès des cinq premiers, qui m'accueillirent par des bravos. Presque aussitôt un des jeunes Hollandais nous rejoignit; mais ce fut le dernier qui voulut se hasarder. Le fils du résident de Benkoulen, qui se trouvait après lui, refusa d'aller plus loin, et les deux autres (le camarade du Hollandais et un troisième ingénieur) l'imitèrent. Ils nous crièrent qu'ils retournaient à la tente pour nous préparer à déjeuner.

Après ce terrible passage, le chemin n'offrait

effectivement plus de difficulté sérieuse. L'épaisseur de la mousse et l'apparence rabougrie des arbres indiquaient les approches du sommet. En effet, après vingt minutes de marche, nous nous trouvâmes au point culminant de la montagne. C'est une place stérile dont la largeur ne dépasse pas cinq mètres, entourée partout de précipices, cachés en partie par des jongles ou broussailles. Je n'oublierai jamais le splendide panorama qui se déroula devant nos yeux quand nous eûmes atteint ce sommet; cette vue admirable nous dédommagea amplement des fatigues de la route. La ligne des côtes, depuis Layé au nord jusqu'à une distance considérable par delà Bouffalou au sud, se dessinait sous nos yeux; à l'aide d'une lunette, nous distinguions les navires dans le bassin de Rat-Island, ainsi que les remparts blanchis du fort Marlboroug (1). Au sud, l'œil plongeait sur les hauteurs de Boukit-Kandies, ou la Croupe du Lion, et Boukit-Kabout (Hauteur du Brouillard), qui forment une ligne droite avec le Pain-de-Sucre. Au centre de l'île,

---

(1) Ce fort a été construit par les Anglais dans le temps où ils occupaient Benkoulen et les autres possessions hollandaises, qui ne furent rendues qu'en 1814.

la vue était interceptée par une masse de nuages qui dirigeaient leur course vers la montagne, ce qui força nos ingénieurs et nos marins à faire, avec le plus de célérité possible, les observations et les relèvements projetés. Dans l'impossibilité d'apporter jusqu'à cet endroit des instruments d'un gros volume, on dut exécuter les opérations avec un compas de petite dimension.

La végétation, sur ce sommet, a tous les caractères des plantes alpines. Une mousse épaisse tapisse les rochers et les troncs d'arbres, et l'on rencontre plusieurs arbustes des espèces particulières aux régions élevées, tels que le *vaccinium*, le *rhododendron*, etc. Nous y trouvâmes aussi une plante que les naturels regardent comme pouvant remplacer le thé, et remarquable par ses feuilles épaisses et brillantes; elle formera un nouveau genre dans la famille des myrtacées.

Les opérations terminées, nous songeâmes à redescendre, le nuage continuant à s'approcher de plus en plus et menaçant de couvrir la montagne et les environs d'un déluge de pluie. Les mêmes difficultés que nous avions éprouvées à la montée se renouvelèrent à la descente. Cependant elle fut facilitée en quelques endroits, au moyen de bambous attachés solidement au pied des arbres qu'on rencontrait çà et là, au bord des escarpements, le long desquels on se laissait glisser; mais il y avait beaucoup de précautions à prendre pour se retrouver sur les pieds au moment où les mains quittaient cette espèce de rampe.

Nous étions à la moitié environ de la descente, quand les nuages qui enveloppaient alors la cime du mont tombèrent en pluie et rendirent la marche encore plus difficile. Heureusement les parties les plus escarpées étaient franchies, et les arbres, devenus plus nombreux, nous offrirent quelque abri contre l'orage. Mais bientôt l'eau afflua tellement, que la dernière partie de la descente se fit au milieu d'un véritable torrent. Nous atteignîmes la tente une heure avant le coucher du soleil. Aux environs, tout était inondé. Nos compagnons nous attendaient, et s'empressèrent de nous donner quelques cordiaux dont nous avions grand besoin. Cette attention ne nous permit pas de les plaisanter, comme nous nous l'étions proposé, sur leur manque de courage; mais ce n'était que partie remise. Un soin plus pressant nous préoccupait. La pluie continuant à tomber par torrents, nous ne pouvions pas songer à passer la nuit dans une tente où nous risquions d'être inondés, et peut-être emportés par le torrent. Nous résolûmes donc de pousser jusqu'à Redjak-Bessi, où nous arrivâmes, en forçant la marche, au moment où la nuit commençait à tomber.

Après un jour de repos passé dans ce village, nous atteignîmes Pandjong dans la journée du 16. Le lendemain, pour regagner Benkoulen, nous nous dirigeâmes par le pays de Boukit-Kandies, sur la rivière de Benkoulen. Depuis notre départ de Pandjong, nous fûmes obligés de traverser au moins une douzaine de fois cette rivière, avant d'atteindre un endroit où nous attendaient des embarcations qui devaient nous ramener à la ville. Ces embarcations, appelées sampans, sont de grands bateaux chinois, plus commodes que les prahous malais pour naviguer sur cette rivière peu profonde, et dont le courant est encombré de rochers et d'obstacles de toute espèce. Nos bagages furent placés sur des radeaux de bambous. Les embarcations durent franchir d'abord une suite continuelle de petites cascades rapides, en risquant de se heurter contre les troncs d'arbres et autres obstacles qui hérissent cette partie de la rivière. Deux fois entraînés, les bateaux se remplirent d'eau ; ce ne fut pas sans peine qu'on évita d'être submergé. Enfin, après sa jonction avec le Rindovarti, la rivière de Benkoulen devient plus profonde, et son cours plus régulier, et nous pûmes arriver sans autre accident au terme de notre excursion.

Grâce à ce court mais pénible voyage, que personne, que je sache, n'a tenté depuis, la hauteur et la composition du fameux Gounoung-Bonko ont été constatées. Cette montagne, comme je l'ai dit, est haute d'environ mille mètres; elle se compose de masses de basalte et de trapp, substance qui domine dans cette partie de Sumatra. Tout le pays traversé dans cette excursion est extrêmement montueux et resserré : les habitants y sont fort rares. Une forêt sombre et sauvage le couvre presque en entier, et elle fournit de fort beaux bois en grande quantité. Je ne pouvais me lasser d'admirer la richesse du sol le long des rivières; celui des forêts n'est guère moins fécond, surtout là où s'élèvent les massifs de bambous, que l'on sait occuper généralement les meilleurs terrains. Le riz se cultive généralement dans les *ladangs* (champs où l'on n'emploie pas l'irrigation); mais on ne compte que peu de *sawahs* (rizières soumises à l'irrigation). A Tello-Anou, je remarquai une petite plantation de muscadiers, qui, sans avoir jamais reçu d'engrais, n'ont cependant pas moins de vigueur que ceux qui croissent et sont cultivés avec soin dans les environs de la ville.

Les indigènes de cette partie de Sumatra, comme ceux du reste de l'île, se livrent peu à la culture des terres. Le sol de ce pays, malgré sa fécondité, exige des travaux qui effraient leur paresse. C'est surtout aux laborieux Chinois qu'on doit les produits agricoles de l'île; ils fertilisent, à force d'engrais et de soins intelligents, les plateaux les plus stériles.

Les Chinois sont très-nombreux dans la résidence de Benkoulen, et forment une partie (environ un sixième) de la population de la ville; le reste se compose de Hollandais, d'Anglais, de Malais, et d'un petit nombre d'indigènes. Contrairement à ce qui a lieu dans d'autres villes des colonies néerlandaises de l'Inde, l'élément européen domine dans celle-ci, ce qui lui donne plus qu'à d'autres un certain aspect européen.

Après mon excursion à la montagne du Pain-de-Sucre, je visitai Padang, capitale du gouverneur hollandais de la côte ouest de Sumatra. C'est une ville très-commerçante ; on en exporte du poivre, du benjoin, du camphre, et de l'or que l'on tire du Menangkabou. Ce pays était jadis le siége d'un grand empire auquel Sumatra presque tout entière était soumise ; mais les dissensions qui divisèrent les habitants et leurs chefs, ont favorisé les Hollandais dans leur projet de réduire ce pays à l'état de tributaire.

J'ai oublié de dire que je n'avais quitté Palembang qu'après l'arrivée du résident titulaire, dont j'avais été chargé de faire l'*intérim*, et que j'avais demandé et obtenu facilement un congé de six mois pour visiter les principales possessions hollandaises de Sumatra. C'est ce qui expliquera à mes lecteurs mon voyage à Benkoulen et à Padang. Mais je ne devais pas dépasser cette dernière ville. Il y avait à peine un mois que j'y étais, et j'avais déjà fait de nombreuses excursions dans les environs, quand le gouverneur me remit une dépêche du gouverneur général qui m'ordonnait de me rendre à Batavia, où je recevrais des instructions pour une expédition dont on ne me faisait pas connaître l'objet ni la destination.

Avant de quitter Sumatra, je dois faire connaître à mes lecteurs le résumé des renseignements que j'ai recueillis, par moi-même ou par des témoignages authentiques, sur cette île si importante.

La partie hollandaise de Sumatra, que j'ai parcourue en partie, comprend le gouvernement des côtes de l'ouest de Padang, et l'ancien royaume de Menangkabou, le pays des Lampoungs, et le royaume de Palembang.

La partie indépendante se divise en plusieurs États; je citerai principalement le royaume d'Achem ou d'Achin, celui de Siak et la confédération des Baltas.

Le royaume d'Achem n'embrasse aujourd'hui que l'extrémité septentrionale de l'île, et s'étend sur la côte orientale depuis le cap Achem jusqu'au cap du Diamant. Vers la fin du xvie siècle, et jusque vers la moitié du xviie, ce peuple était le plus puissant de la Malaisie. Les Achemais étaient les alliés de tous les peuples commerçants de l'Orient, depuis le Japon jusqu'à l'Arabie. A cette brillante époque, leur marine comptait cinq cents voiles, et leur empire s'étendait sur presque la moitié de Sumatra et sur une grande partie de la péninsule de Malacca. Aujourd'hui il est plongé dans l'anarchie ; l'autorité du sultan ne s'étend qu'à la capitale et aux environs, car tous les radjahs ou chefs de districts sont de fait indépendants. La capitale est Achem, sur la rivière du même nom, à quatre kilomètres de la mer, qui y forme une rade vaste et sûre. Elle contient huit mille maisons construites en bambous et soutenues sur des pilotis d'un mètre de hauteur, destinés à les préserver des inondations subites. Mais ces maisons n'étant que des cabanes, ne supposent pas une population de plus de dix-huit à vingt mille habitants. Ces maisons ou cabanes sont dispersées au milieu d'une vaste forêt de cocotiers, de bambous et de bananiers, au milieu de laquelle coule la rivière, couverte de bateaux qui sortent de la capitale au lever du soleil et y rentrent le soir. On y voit quelques rues ; mais la plupart des quartiers sont séparés par des bouquets d'arbres ; en sorte qu'on arrive dans la rade sans se douter qu'on entre dans une ville.

Avant l'arrivée des Européens aux Indes, le port d'Achem était fréquenté par les Arabes. Les Portugais et les nations qui se sont élevées sur leurs ruines ont essayé de s'y établir ; mais les révolutions survenues dans cet empire les en ont chassés. Il est probable que, tôt ou tard, le royaume d'Achem subira le sort de ceux de Menangkabou et de Palembang.

Le royaume de Siak occupe la partie moyenne de la côte orientale, que traverse le fleuve de ce nom. Il se divise en deux parties : le *Kampar-Kiri* et le *Kampar-Kanan*, c'est-à-dire le Kampar de droite et le Kampar de gauche. L'anarchie, dont ce pays est depuis longtemps la proie, a favorisé l'ambition des principaux radjahs : tous sont indépendants. Ceux des districts maritimes se livrent à la piraterie. Les villes principales sont : Siak, sur la rivière de ce nom, résidence du sultan, souverain plus faible encore que celui d'Achem; Delhi, sur la rivière de ce nom; Kampar, port commerçant; Langkat, ville de commerce qui compte deux cents prahous; Ratou-Rara, non moins importante pour sa marine, et résidence d'un puissant radjah. Tout ce littoral offre de beaux terrains bien arrosés et couverts de riches cultures, ainsi que des havres et des criques d'une sûreté admirable. Les différents radjahs se font la guerre entre eux, et le peuple, adonné à la piraterie, lance, au travers du détroit de Malacca, près de deux mille prahous armés, navires marchands en apparence, mais forbans à l'occasion.

Le pays des Baltas occupe une longueur d'environ deux cents kilomètres sur une largeur de cent soixante. Il confine avec le royaume d'Achem, l'ancien État de Menangkabou, et le gouvernement hollandais de Padang. Ce pays, couvert de forêts impénétrables, renferme les plus hautes montagnes de l'île, dont quelques-unes sont des volcans; il est divisé en plusieurs districts, qui forment une sorte de république confédérée. Le chef, qui réside à l'extrémité du grand lac de Toba, paraît être le principal des membres de cette association, le président, si l'on veut. On n'y compte que des villages, sauf Varous ou Barous, petite ville, principal marché du camphre, et Tappanouli, bourgade remarquable par l'immense et magnifique baie à laquelle elle donne son nom, et qu'on peut considérer comme une des plus sûres du globe.

Cependant les Baltas ne résident guère sur la côte, et préfèrent l'intérieur de l'île. Leur population se compose d'environ deux millions d'individus. Leur gouvernement est régulier : ils ont des assemblées délibérantes et d'habiles orateurs.

Presque tous les Baltas savent écrire; quoiqu'ils parlent et entendent le malais, ils se servent entre eux d'une langue particulière inconnue aux Malais de la côte. Ils reconnaissent un seul dieu suprême, auquel ils donnent le titre de Dibalta-assi-assi; ils ont de plus trois autres grands dieux, qu'ils supposent avoir été créés par le premier : *Baltara-Couron*, qui règne aux cieux; *Sorie-Pada*, le dominateur des airs; et *Mangalla-Boulang*, le roi de la terre.

Ce peuple offre le mélange le plus singulier de mœurs civilisées et de coutumes féroces. Il n'est pas menteur, comme les Bengalais; il possède le sentiment de l'honneur au plus haut degré; il est belliqueux; il se distingue par sa probité, sa bonne foi et sa prudence; il s'acquitte avec zèle des devoirs de l'hospitalité. Cependant, malgré toutes leurs qualités, malgré l'état de civilisation où ils sont arrivés, les Baltas sont anthropophages. Mais ce qu'il y a de remarquable, c'est qu'ils ne le sont que dans certains cas déterminés par les lois : ainsi leur code condamne à être mangés vivants ceux qui commettent un vol au milieu de la nuit, ceux qui se rendent coupables d'adultère, d'assassinat ou de complot contre la sûreté publique, ceux qui contractent des unions que la consanguinité fait réprouver, enfin les prisonniers de guerre. Quiconque a commis un des crimes énumérés ci-dessus est dûment jugé et condamné par un tribunal compétent. Après les débats, la sentence est prononcée, et les chefs boivent chacun un coup : cette formalité équivaut chez nous à la signature du jugement. On laisse ensuite deux ou trois jours pour donner au peuple le temps de s'assembler. Le jour fixé, le condamné est amené, attaché à un poteau, les bras étendus et la partie offensée s'avance et choisit le premier morceau, ordinairement les oreilles; les autres viennent ensuite, suivant leur rang, et coupent eux-mêmes les morceaux qui sont le plus à leur goût. Quand chacun a pris sa part, qu'il mange tantôt crue, tantôt grillée, et jamais ailleurs que sur le lieu du supplice et sous les yeux de la victime, le chef de l'assemblée s'approche du patient, lui coupe la tête qu'il emporte comme un trophée, et la suspend devant sa maison. Jamais on ne boit du vin de palmier ni d'autres liqueurs fortes pendant ces repas; on veut que tout s'y passe avec gravité, je dirais presque avec la solennité qui convient à l'exécution d'une sentence judiciaire. Le supplice doit être toujours public : les hommes seuls y assistent, la chair humaine étant défendue aux femmes. Beaucoup de personnes m'ont assuré que les Baltas préfèrent la chair humaine à toute autre; mais, malgré ce goût prononcé, on n'a pas d'exemple qu'ils aient cherché à le satisfaire hors des cas où la loi le permet. Quelque révoltantes, quelque monstrueuses que soient ces exécutions, il n'est pas moins vrai qu'elles sont le résultat des délibérations les plus calmes, et jamais l'effet d'une vengeance immédiate et particulière.

Autrefois les Baltas étaient dans l'usage de manger aussi leurs parents, quand ceux-ci étaient devenus trop vieux pour travailler. Les vieillards provoquaient eux-mêmes ce genre de mort, et cela s'exécutait avec une certaine cérémonie. Mais depuis longtemps cette coutume est abandonnée. Espérons qu'ils finiront un jour par renoncer tout à fait au cannibalisme; il faudrait pour cela que les lumières du christianisme pénétrassent parmi eux, ce qui ne manquera pas d'arriver tôt ou tard, et dès que nos intrépides missionnaires pourront avoir accès dans leur pays.

Ce que je viens de dire des Baltas, je ne l'ai

appris que par des témoignages authentiques de voyageurs qui les ont visités, car je ne suis jamais allé dans leur pays, et je n'ai eu que rarement occasion de voir des individus de leur nation ; il n'en est pas de même d'un autre peuple de Sumatra au milieu duquel j'ai vécu pendant quelque temps, et dont j'ai pu observer par moi-même les usages ; je veux parler des Reyangs.

Ce peuple, sous le rapport physique, offre une grande ressemblance avec les Malais ; cependant il parle un langage différent, et qui semblerait indiquer une autre origine. Les Reyangs ne forment pas, comme les Battas, un peuple indépendant. Leurs tribus s'étendent depuis Layé dans le nord jusqu'à la rivière de Sillebar dans le sud, et elles habitent presque exclusivement sur les territoires dépendants des possessions hollandaises.

Les Reyangs sont, ainsi que tous les Malais, d'une taille bien au-dessus de la moyenne ; leurs membres sont bien proportionnés. Les femmes ont l'habitude de pétrir la tête de leurs enfants, ainsi que cela se pratique dans quelques îles de l'Océanie. Elles leur aplatissent le nez, compriment le crâne et allongent les oreilles de manière à ce qu'elles se tiennent droites hors de la tête. Les yeux des Reyangs sont vifs et noirs comme ceux de tous les Océaniens ; leurs cheveux sont noirs et épais ; les femmes les laissent croître jusqu'à ce qu'ils touchent la terre.

Ce peuple est d'un naturel paisible, intelligent, grave, réservé, endurant, moins fourbe et moins cruel que les autres Malais, peu haineux, mais implacable dans ses haines. Sobres dans leur nourriture, les Reyangs vivent de végétaux ; généreux dans leur hospitalité, ils sacrifient une chèvre pour régaler un étranger. On peut leur reprocher l'indolence, la méfiance et la servilité. Leurs femmes sont dociles, modestes et chastes.

Leur pandjeran ou prince est assisté d'un conseil de *donpattis*, ou chefs de village. Le pays des Reyangs est divisé en quatre tribus, qui relèvent du sultan de Palembang, et sont par conséquent sous la suzeraineté de la Hollande. Les lois et coutumes des Reyangs fixant l'action et la distribution de la justice sont détaillées avec beaucoup de soin dans leur *addat* ou code. Celui qui est condamné pour vol paie deux fois la valeur de l'objet volé, avec une amende en sus ; le meurtre se rachète par un *bangoun*, somme d'argent qui varie de quatre-vingts à cinq cents piastres, suivant la dignité, l'âge, le rang et le sexe de la victime. La peine capitale est presque ignorée à Sumatra, par la facilité qu'on a de racheter le meurtre.

L'esclavage n'est pas très-dur parmi eux; les esclaves, qui y sont peu nombreux, vivent, ainsi que dans la plus grande partie de l'Orient, presque toujours sur le pied de l'égalité avec les différents membres de la famille. Les peuples de Sumatra, et principalement les Reyangs, ont le plus grand respect pour la tombe de leurs ancêtres. Ils jurent par leurs mânes sacrés. Leur croyance à la métempsycose, empruntée aux Hindous, en diffère d'une manière étrange, car ils croient que leurs âmes vont se loger après leur mort dans le corps des tigres; de là vient le respect qu'ils ont pour ces animaux, contre lesquels ils ne se battent qu'à leur corps défendant. Ils prétendent que, dans un district secret de l'intérieur de Sumatra, les tigres ont un gouvernement et une cour, où ils habitent des villes et des maisons couvertes de cheveux de femmes. J'ai retrouvé les mêmes mœurs et à peu près les mêmes croyances chez les Lampoungs, voisins des Reyangs.

Les naturels du Menangkabou sont tous mahomélaus, et, sans être exempts de superstitions, ils ne partagent pas les croyances idolâtres des Baltas, des Reyangs et des Lampoungs. Quoique l'industrie soit peu avancée à Sumatra, les habitants de Menangkabou fabriquent des armes à feu et des kriss dont la trempe est excellente; mais c'est surtout dans les ouvrages en filigranes d'or et d'argent le plus fin qu'ils se distinguent. J'en ai vu d'un fini admirable et supérieurs à ceux des Hindous et des Chinois. Ils réussissent encore dans la poterie, le tissage des étoffes et la fabrication du sucre.

Ces peuples, ainsi que tous les Malais, et surtout ceux des côtes, aiment passionnément l'opium. On en tire annuellement de deux cents à deux cent cinquante caisses du Bengale ou de Malwa. On l'importe en gâteaux de deux à trois kilogrammes, enveloppés de feuilles sèches. Les Turcs et la plupart des Orientaux l'emploient en substance; les Malais le fument et s'enivrent de la fumée au point de devenir furieux. C'est ainsi que les pirates malais excitent leur courage quand ils veulent s'emparer d'un navire, et alors tout l'équipage tombe sous leurs coups.

CHAPITRE XIII

Retour à Batavia. — Mes entrevues avec le docteur Weelkner. — Ma visite au gouverneur général. — Mission qu'il me confie, avec le grade de lieutenant-colonel. — Nouvelles du sergent-major Roger. — Départ pour mes inspections. — Arrivée à Bornéo. — État de cette île. — Partie soumise aux Hollandais. — Arrivée à Sambass, chef-lieu de la première résidence hollandaise. — Le royaume de Sambass. — Pays de Mompava. — Royaume de Pontianak. — Excursion à Matrado. — Mines de diamants du pays de Landak. — Le gros diamant du sultan de Matan. — Arrivée à Benjermassing, chef-lieu de la deuxième résidence. — Pays indépendants. — Royaume et ville de Bornéo. — Commerce de cette ville. — Gouvernement. — Les Dayas et autres peuples de Bornéo. — Départ pour Célèbes.

Je profitai du premier navire qui partait de Padang pour Batavia pour me rendre aux ordres du gouverneur général. La première personne que j'allai voir en arrivant fut mon ami le docteur

Weelkaer. Après une si longue absence, j'étais bien aise de me réchauffer le cœur dans les épanchements de l'amitié, avant de subir la froide contrainte des visites officielles; d'un autre côté, je n'étais pas fâché non plus de pressentir l'accueil qui me serait fait en haut lieu, ou, comme on dit, de prendre l'air du bureau, car le laconisme de la dépêche officielle ne me faisait rien préjuger à cet égard. Or le docteur était un homme précieux sous ce rapport; ses relations avec les personnages les plus influents de l'administration le mettaient en état de me renseigner parfaitement sur tout ce qui pouvait m'intéresser.

Je ne m'étais pas trompé. A peine nous étions-nous cordialement embrassés qu'il s'écria : « Ah! vous voilà enfin, mon cher major; qu'il me tardait de vous voir arriver! Mais savez-vous que vous êtes attendu aussi avec impatience par Son Excellence?

— Bah! répondis-je d'un air étonné, je ne comptais pas sur cet honneur; et savez-vous à votre tour ce que me veut monseigneur le gouverneur général?

— Je ne pourrais pas vous le dire précisément: tout ce que je sais, c'est qu'il a été très-content de la manière dont vous vous êtes acquitté de votre mission à Palembang.

— Ma foi, m'écriai-je en riant, entre nous, mon ami, il faut avouer que Son Excellence n'est pas difficile. Je n'ai guère fait, pendant mon séjour à Palembang, que me promener et chasser. Ma plus grande affaire a même été une certaine chasse aux éléphants, dont je vous ai envoyé la relation. (C'est la copie de cette relation que j'ai reproduite dans un des précédents chapitres.) Quant aux affaires de la résidence, si quelque chose a été fait de bien pendant l'exercice de mes fonctions intérimaires, c'est l'œuvre du secrétaire de la résidence, et c'est lui qui mérite des éloges.

— Allons, mon cher, pas de fausse modestie; votre secrétaire était sans doute un homme intelligent, et il a rempli convenablement ses fonctions, mais non pas les vôtres. C'est vous, et non pas lui, qui avez tenu aux ministres du sultan un langage ferme et digne, auquel ils n'étaient pas accoutumés, et c'est vous qui avez obtenu d'eux, ce que jusqu'ici ceux qui vous avaient précédé n'en avaient pu obtenir, la répression sérieuse et efficace de la piraterie sur toutes les côtes du royaume de Palembang. Voilà ce qui a été confirmé par tous les témoignages des marins qui ont traversé depuis cette époque le détroit de Banka, et par les derniers rapports du nouveau résident de Palembang. Aussi le gouverneur général a-t-il l'intention de vous donner une récompense convenable.....

— Je l'ai probablement reçue, interrompis-je, car une des dernières dépêches du secrétaire général m'annonçait que je venais d'être nommé par Sa Majesté le roi des Pays-Bas chevalier de l'ordre du Lion néerlandais, et que l'on attendait, pour me les envoyer, le brevet et la décoration de cet ordre. Apparemment que ces objets sont arrivés, et que le gouverneur veut me faire la gracieuseté de me les remettre de sa main.

— Cette dernière conjecture est possible; mais ce n'est pas seulement de cela qu'il s'agit. La décoration du Lion néerlandais vous a été accordée par le roi comme récompense de votre bravoure à l'attaque des forts de Billiton ; elle n'a aucun rapport avec votre conduite à Palembang, et c'est celle-ci que le gouverneur veut récompenser. Comment? je l'ignore; tout ce que je sais, c'est qu'il a des vues sur vous, et je ne serais pas étonné que vous fussiez nommé résident en titre dans quelque bonne localité. J'en serais fâché pour moi, car cela me séparerait de vous peut-être pour bien longtemps encore.

— Ce ne peut être ce que vous pensez, répondis-je, car vous savez comme moi que l'emploi de résident est un emploi civil, comme celui de nos préfets en France, et qu'on ne charge jamais de ces fonctions un militaire en activité, à moins que ce ne soit pour un intérim, comme celui que je viens de remplir à Sumatra.

— Ce que vous dites est vrai; mais je sais que le gouverneur général déplore cet usage, établi autrefois par l'ancienne compagnie des Indes. Il prétend que ces fonctions conviendraient mieux à des militaires, surtout dans les résidences dont le territoire appartient encore à des souverains indigènes, et qui sont éloignés du gouvernement central. Il faut, selon lui, que l'action du gouvernement se fasse sentir dans ces localités avec une énergie et une fermeté soutenues, et un représentant militaire de l'autorité supérieure serait plus capable d'imposer à des princes d'une fidélité douteuse, et qui comptent sur l'éloignement du gouverneur général et sur la faiblesse de ses représentants civils, pour se soustraire peu à peu à toute dépendance.

— Allons, je suis impatient de savoir ce qui en est, dis-je en serrant la main du bon docteur. Je vais de ce pas à l'hôtel du gouvernement, et vous aurez bientôt de mes nouvelles. »

Mon ami ne s'était pas trompé. Le gouverneur avait effectivement des vues sur moi; mais ce n'était pas pour ce que pensait le docteur. Après une conférence de plus de deux heures avec lui, il me proposa de visiter, comme inspecteur militaire, tous les postes établis dans les différentes îles dépendantes de son gouvernement, à l'exception de Java. Je devais commencer par Bornéo, Célèbes et les Moluques, et revenir par Timor, Sumbawa, Lombok et Bali. Une goëlette à vapeur de la marine royale était mise à ma disposition pour opérer cette immense tournée. Pour donner plus d'autorité à ma mission, j'étais élevé au grade de lieutenant-colonel, grade supérieur à celui de tous les chefs des postes militaires que j'aurais à inspecter.

J'acceptai avec reconnaissance ces fonctions, qui me souriaient beaucoup plus qu'une résidence à poste fixe, comme le pensait le docteur, et qui s'accordaient à merveille avec mes goûts pour les voyages. Le gouverneur m'expédia mon brevet de lieutenant-colonel; il me remit en même temps ma nomination dans l'ordre du Lion néerlandais, et, dans la revue qu'il passa deux jours après, il me fit reconnaître, en présence de la troupe assemblée, dans mon nouveau grade et ma décoration.

Mon ancien régiment était présent à cette revue; mais, à mon grand regret, mon ancienne compagnie n'y était pas. Elle était allée dans le détroit de Malacca, près des îles Riouw, châtier quelques pirates de ces parages. Je demandai au colonel des nouvelles du sergent-major Roger. Il me répondit que l'on était toujours très-content de lui. « Je vous le recommande vivement, dis-je au colonel; vous savez, par les rapports que je vous ai adressés sur notre affaire de Billiton, les obligations que j'ai à ce jeune homme et l'intérêt que je lui porte. J'espère qu'il s'en rendra toujours digne, et que par égard pour moi vous lui accorderez votre bienveillance.

— Vous pouvez y compter, » répondit le colonel.

Quand tout fut prêt pour mon départ, j'allai faire mes adieux à mon ami le docteur, et recevoir du gouverneur mes dernières instructions. Ces instructions étaient beaucoup plus étendues que je ne l'avais cru d'abord. Il ne s'agissait pas seulement de visiter les postes militaires compris dans mon inspection; je devais aussi m'assurer s'ils étaient suffisants pour la localité où ils étaient établis; s'il ne serait pas à propos d'en établir d'autres, et dans quels endroits. Je devais m'entendre à ce sujet avec les gouverneurs particuliers et les résidents; à l'égard de ces derniers, je devais m'assurer de l'état de leurs relations avec les autorités indigènes, et envoyer sur tout cela des rapports au gouverneur général, chaque fois que j'en aurais l'occasion.

Enfin me voilà parti avec une suite convenable à la mission dont j'étais chargé. J'avais deux secrétaires, dont un civil et l'autre militaire; ce dernier avait rang de sous-lieutenant, et faisait en quelque sorte les fonctions de mon aide de camp. Mon domestique se composait d'un valet de chambre européen, d'un cuisinier nègre, et de quatre serviteurs indiens.

Je n'ai pas l'intention de raconter à mes lecteurs l'histoire de ma tournée, qui aurait pour eux fort peu d'intérêt. C'était bien assez pour moi d'être obligé d'en faire de longs rapports au gouverneur général, et je ne suis pas tenté de recommencer une besogne passablement fastidieuse; mais ce que je désirerais, ce serait de pouvoir leur rendre un compte exact de mes impressions de voyage, dans les diverses îles que j'ai parcourues pendant quatre ans qu'a duré l'accomplissement de ma mission. Malheureusement ces détails me mèneraient beaucoup trop loin, et d'ailleurs tous ces pays étant peuplés principalement de Malais, les productions et le climat étant à peu près les mêmes qu'à Java et à Sumatra, il s'ensuit que beaucoup des observations que j'ai faites sur ces deux grandes îles conviennent également aux autres, et que je ne pourrais que me répéter.

La première île où je me rendis, comme le portaient mes instructions, fut celle de Bornéo, située au nord de Java et au sud-ouest des îles Philippines. Ce nom de Bornéo (1) lui a été donné par les Hollandais qui y abordèrent en 1530 pour la première fois, du nom de la rivière dans laquelle leurs navires jetèrent l'ancre, et que les naturels nommaient *Bornéo*, ou plutôt *Varneou* ou *Varousi*.

(1) En hollandais *Broenai*.

Mais jamais ceux-ci n'ont donné ce nom à l'île entière; ils l'appellent *Kalemantan*, *Poulo-Kalemantan*, *Tana-Bessar-Kalemantan*, noms qui signifient île de Kalemantan, grande terre de Kalemantan. Plusieurs voyageurs et géographes ont essayé de lui rendre ce nom primitif, comme on l'a fait pour Haïti, si longtemps appelé Saint-Domingue; mais jusqu'à présent le nom de Bornéo a prévalu, et c'est celui dont je me servirai.

Bornéo est la plus considérable des îles connues, l'Australie étant considérée comme un continent. Elle peut avoir douze cent soixante kilomètres de long, sur une largeur qui varie depuis cent quatre-vingts jusqu'à neuf cent quatre-vingts kilomètres; elle en a huit cents de large sous l'équateur. Elle a environ quatre mille kilomètres de tour, et sept cent mille kilomètres carrés de superficie. On évalue sa population, mais sans avoir à cet égard de données certaines, à trois millions au moins d'individus.

On peut dire que l'île entière, et surtout l'intérieur de Bornéo, est le pays le moins connu du globe; aussi ne pourrai-je en donner qu'une idée fort incomplète, en ne parlant que de la partie dépendante des possessions hollandaises que j'ai visitées.

Cette île est partagée en un grand nombre de petits États. Parmi ceux qui sont situés le long des côtes, quelques-uns seulement sont vassaux des Hollandais; les autres, ainsi que tous ceux de l'intérieur, sont indépendants.

La partie soumise aux Hollandais forme les deux résidences ou provinces qu'on désigne dans les chancelleries hollandaises sous le nom de Résidence de la côte occidentale de Bornéo (*west kust van Borneo*), et Résidence des côtes méridionale et orientale (*zuid en oost kust van Borneo*), ou de Benjermassing.

La première résidence a pour chef-lieu Sambass, sur la rivière de ce nom; c'est là où je débarquai en premier lieu. C'est une petite ville défendue par un fort hollandais. Cette résidence comprend le royaume de Sambass, le pays de Mompava, le royaume de Pontianak et les États de quelques petits chefs intérieurs. Le sultan de Sambass, autrefois intrépide et féroce chef de pirates, n'est plus aujourd'hui qu'un souverain nominal, abruti par l'usage de l'opium; il passe sa vie dans l'indolence, ne sortant jamais de son magnifique palais ou *dalem*, richement orné des objets précieux ravis aux Européens qui ont été ses victimes. Malgré la présence de la garnison hollandaise, il y a des pirates établis au nord de Sambass, et auxquels je fis donner vigoureusement la chasse pendant mon séjour dans cette résidence.

Le pays de Mompava s'étend fort loin dans l'intérieur. Je n'ai visité que le canton de Matrado, célèbre par ses mines d'or. Tout le pays qui s'étend de Sambass à Matrado est presque uniquement habité par des Chinois. On en compte environ cent cinquante mille dans cette résidence. La ville de Matrado est bâtie au pied d'une chaîne de montagnes du même nom; elle est dans une situation admirable, au milieu d'une plaine. Sa population, toute chinoise, est d'environ six mille âmes; les maisons sont propres, et bâties dans le goût chinois; elle est divisée en bazars ou quartiers; les personnes de même profession habitent toutes le même quartier. La colonie est commandée par un capitaine chinois, qui maintient l'ordre et la police dans tout le canton. Les Européens peuvent parcourir le pays en toute confiance. L'air y est très-salubre, et les exemples de longévité y sont communs. Les Chinois de l'intérieur de la colonie travaillent aux mines d'or, dont le produit annuel est de cent mille onces d'or pur.

Le pays de Landak, dépendant de la résidence de Sambass, renferme les mines de diamants les plus riches du globe : on en trouve quelquefois dans les crevasses des rochers, d'autres fois dans le sable des rivières, et ordinairement dans un *areng* ou conglomérat, sorte de terre jaunâtre et graveleuse, mêlée de cailloux de diverses grosseurs. Les Chinois et les *Dayas*, peuples indigènes de Bornéo, exploitent ces mines. Les diamants les plus beaux pèsent trente-six carats. Les petits sont vendus à Pontianak ; les gros qui ne trouveraient pas d'acheteurs sont expédiés à Batavia. Mais depuis quelques années la quantité de diamants recueillis dans le district a considérablement diminué, fait que l'on remarque également dans l'Inde. C'est des environs de Landak qu'on tira, il y a une centaine d'années, un des plus gros diamants qui existent. Il est probablement encore au pouvoir du sultan de Matan, et il pèse, non taillé, trois cent soixante-huit carats ; il en pèserait, dit-on, cent quatre-vingt-quatre, s'il était poli et taillé. C'est le second ou au moins le troisième en grosseur, qu'on ait connu jusqu'à ce jour. En quittant Sambass, j'ai visité le port de Pontianak, et là j'ai vu des indigènes, de la tribu des Boughis, tailler et polir avec art les diamants; ils en font le commerce ainsi que celui des bijoux.

Le sultan de Matan, le propriétaire de ce gros diamant dont j'ai parlé, est un des princes tributaires de la Hollande. Le pays de Matan est un débris de l'ancien empire de Soukadana, jadis feudataire du puissant empire de Madjapahit ou de Bantam dans l'île de Java. C'est à titre de successeurs des souverains de Bantam que les Hollandais exercent les droits de suzeraineté sur le royaume de Matan. Du reste, la plupart des pays vassaux des Hollandais dans l'île de Bornéo, ainsi qu'à Célèbes et aux Moluques, sont administrés par des princes indigènes. Il y a peu de parties de Bornéo qui soient entièrement soumises aux Hollandais.

Après un séjour de deux mois dans la première résidence, je me rendis à Benjermassing, chef-lieu de la seconde résidence, ou Résidence des côtes méridionale et orientale. Cette ville, peuplée d'environ six mille âmes, fait un commerce assez considérable. Son port, ainsi que ceux de Sambass et de Pontianak, est ouvert à toutes les nations amies de la Hollande. La deuxième résidence de Bornéo est formée en grande partie par les États du sultan de Benjermassing. Au xvi° siècle, ce pays était une dépendance de l'empire de Madjapahit, et régi par des princes javanais. Le sultan qui descend de ceux-ci, reconnaissant des services que la compagnie hollandaise des Indes lui avait rendus, lui céda, en 1787, tous ses États en pleine souveraineté, et les reprit d'elle comme un fief héréditaire. Aujourd'hui le gouverneur de Batavia est le suzerain de ce sultan.

Parmi les nombreux États indépendants de cette grande île, je ne parlerai que du principal royaume, parce qu'il est le plus puissant et le mieux connu : c'est le royaume de Bornéo proprement dit. Jadis cet empire dominait sur une grande partie de l'île; aujourd'hui il ne possède que la côte du nord-ouest et une partie de celle du nord. L'étendue de l'État de Bornéo est de sept cents milles (neuf cent vingt kilomètres) de côtes, et la largeur de son territoire est de cent à cent cinquante milles. C'est le pays le plus peuplé de cette grande terre. La rivière de Bornéo est navigable bien au-dessus de la ville de ce nom, pour des navires du port de trois cents tonneaux. La ville offre quelque ressemblance avec Venise. Elle est située à vingt kilomètres de l'embouchure du fleuve, dans un terrain bas et marécageux. Les maisons sont construites sur de petites îles ou sur pilotis, et l'on se sert de pirogues pour aller d'une maison à une autre. La ville de Bornéo est la plus commerçante de l'île. Ses relations s'étendent dans toutes les îles de la Malaisie, puis à Singapour, au Bengale, sur la côte de Coromandel et de Malabar, et jusque dans le golfe Persique et la mer Rouge.

Le gouvernement de Bornéo est exercé par un sultan appelé aussi radjah, avec l'épithète de *ini-yang-ada-per-touann* (celui qui est le seigneur), et un conseil supérieur, composé de pangerans ou nobles, qui sont revêtus des grandes charges de l'État. La forme du gouvernement ressemble beaucoup à notre ancien système féodal, ce qui, du reste, existe généralement dans tout l'Orient. Le pouvoir est plus grand chez le sultan que chez nos anciens rois, parce qu'il nomme à tous les grands emplois; mais chaque pangeran ou seigneur exerce un pouvoir absolu sur ses vassaux particuliers, qui ne manquent jamais d'épouser sa cause, même quand il est en opposition avec l'autorité souveraine.

Les aborigènes de l'intérieur de l'île ont reçu plusieurs noms : celui de Dayas, au sud et à l'ouest; d'Idaans, au nord; de Tidouns ou Tirouns, dans la partie orientale, et de Biadjous, au nord-ouest. Mais tous appartiennent à la race primitive des Dayas, quoiqu'il y ait entre eux des différences de mœurs, de dialectes et de religion. Dans les montagnes centrales, mais où aucun Européen n'a encore pénétré, habitent, dit-on, des tribus sauvages auxquelles on donne différents noms, tels que Dessouns, Marouts, Illanos, Tatoungs, Houlous, Taagals, etc. etc. Quelques-uns sont noirs comme les Papouas de la Nouvelle-Guinée; d'autres sont jaunes, basanés ou cuivrés. C'est à peu près tout ce que j'en ai appris; mais je veux vous entretenir un instant du peuple le plus intéressant et le plus nombreux de Bornéo, parce que j'ai pu l'étudier sur plusieurs points de cette grande île : ce sont les Dayas.

Les Dayas, comme je l'ai dit, sont divisés en un grand nombre de tribus; ils sont cultivateurs, mineurs, constructeurs et commerçants. Quelques savants les regardent comme un type perfectionné ou primitif, si l'on veut, de la race malaise ; plusieurs les croient aussi la souche des Polynésiens, car leurs formes corporelles ressemblent singulièrement à celles des habitants des îles Carolines de la Nouvelle-Zélande, de Taïti, et autres îles du grand Océan, et, de plus, ils ont l'habitude de se tatouer le corps, ainsi que les Polynésiens.

Les purs Dayas sont francs dans leurs procédés, paresseux, froids, délibérés, et vindicatifs dans leurs ressentiments ; mais patients, probes, dociles, hospitaliers, sobres, intelligents et doués d'un talent fort rare pour les arts mécaniques. Ils excellent dans l'art de préparer l'acier, et, entre autres, dans la fabrication des éperons, des kriss, des kampilans, des galloks (espèces de poignards), des lances. Ils sont fort supérieurs non-seulement à tous les Malais dans ce genre d'industrie, mais encore aux Hindous et aux Chinois, bien que cet éloge puisse paraître exagéré. Un petit nombre de Dayas professent l'islamisme ; mais la plupart adorent *Diouta* (l'ouvrier du monde) et les mânes de leurs ancêtres. Chose bizarre ! ils prétendent être issus des antilopes, pour lesquelles ils professent la plus grande vénération. Ils vénèrent aussi certains oiseaux qui leur servent d'augure. De même que les tribus de plusieurs îles de la Polynésie, quelques-unes de leurs peuplades sont indépendantes, d'autres sont vassales des princes déjà cités.

Une de leurs tribus, qui habite sur le bord de la rivière Reyang, porte le nom de cette rivière, et pourrait bien être la souche des Reyangs de Sumatra, dont j'ai parlé dans le chapitre précédent.

De Benjermassing je me rendis dans un jour de navigation à Célèbes.

CHAPITRE XIV

Description de Célèbes. — Wlaardingen et le fort Rotterdam, chef-lieu du gouvernement de Mangkassar. — Résidences de Bouthaïn, de Maros, de Manado. — Description de cette dernière ville. — Rencontre de deux Français. — Kema. — Corontalo. — Princes indépendants. — Habitants de Célèbes, Boughis et Macassars. — Leur bravoure. — Relations et commerce des Boughis. — Leur goût pour la profession des armes. — Productions de Célèbes. — Mœurs des Boughis. — Éducation des enfants. — Langue boughise. — Sa grammaire. — Départ pour Amboine. — Ville d'Amboine. — Description sommaire du pays. — Je suis rappelé à Bali. — Quelques détails sur cette île. — Je me rends à Sourabaya. — Expédition contre Bali. — J'ai le commandement d'une colonne. — Je me retrouve avec mon régiment. — Débarquement de l'armée à Bali. — Opération. — Attaque des forteresses de Djaga-Raga. — Prise d'une redoute. — Blessure mortelle de Roger. — Retraite de l'armée. — Retour à Sourabaya. — Mort de Roger. — Ma maladie. — Mon retour en France.

Entre toutes les îles de la Malaisie, qui se distinguent par la beauté de leur ciel et la richesse de leur sol, il n'en est aucune, excepté Bornéo, qui égale Célèbes. Elle possède un climat salubre, un sol fertile, et le peuple le plus civilisé de ces belles et lointaines contrées. Elle unit les paysages riants de Luçon aux majestueux aspects de Timor, la nature imposante de Sumatra aux pompes sauvages du nord de Bornéo. Je vais essayer de décrire ce pays enchanteur, et l'un des moins connus des Européens.

L'île Célèbes, qui s'étend du premier degré quarante-cinq minutes de latitude nord au cinquième degré quarante-cinq minutes de latitude sud, et du cent treizième degré dix minutes au cent seizième quarante-cinq minutes de longitude orientale, se compose de quatre presqu'îles allongées, dirigées à l'ouest et au sud, liées par des isthmes étroits et séparées par trois baies profondes, ce qui lui donne la forme bizarre d'une grande tarentule, un petit corps et des pattes énormément longues qui s'avancent dans la mer. La presqu'île du nord-est porte le nom de Tomini ou Gorontalo; celle de l'est, celui de Tolo ou Tomaïki; et la troisième, au sud-est, que les naturels appellent Siouâ, est connue des Européens sous le nom de Boni. Les dimensions de cette grande île sont difficiles à fixer, à cause de son irrégularité. On lui attribue ordinairement sept cent soixante-huit kilomètres dans sa plus grande longueur, du nord au sud, et cent de largeur moyenne; elle offre une surface d'environ cent quatre-vingt-dix mille kilomètres carrés.

Les naturels et les Malais donnent à l'île de Célèbes le nom de *nagri orang Ouguis* (le pays des hommes Ouguis), que nous appelons Boughis; ou quelquefois celui de *tanna Mangkassar* (terre de Mangkassar). Célèbes est élevée, montagneuse principalement au centre et au nord, où sont plusieurs volcans en éruption. Quoique l'île de Célèbes soit entièrement située sous la zone torride, elle jouit d'un climat tempéré, grâce à ses golfes nombreux, aux pluies abondantes qui y règnent pendant le milieu de chaque mois, surtout ceux de juin et de juillet, grâce encore aux vents du nord qui y soufflent une grande partie de l'année. La preuve de sa salubrité, quoi qu'en disent quelques voyageurs, est d'y voir des Européens vivre plus longtemps que dans aucune partie de l'Orient. On y rencontre quelques indigènes qui ont dépassé l'âge de cent ans, en conservant autant de vigueur et de santé que les centenaires d'Écosse ou de Russie.

La partie de l'île de Célèbes soumise aux Hollandais est le gouvernement de Mangkassar ou Macassar, formé des débris de l'ancien empire de ce nom. La ville capitale de cet empire n'existe plus depuis longtemps, quoiqu'on la retrouve encore sur les cartes et dans plusieurs géographies et dictionnaires de géographies modernes, qui la représentent avec une population de cent mille habitants. Sur son emplacement, les Hollandais ont élevé la ville de Wlaardingen et le fort Rotterdam, résidence du gouverneur. La population ne se compose que de douze cents Européens ou métis. Tout près de cette nouvelle ville, et comme en étant une dépendance, on compte trois bourgs ou kampongs désignés par les noms des indigènes qui les habitent: Kampong-Barou, Kampong-Boughis, Kampong-Malayou. La situation du fort de Rotterdam et de la nouvelle ville hollandaise offre cet avantage précieux, qu'on peut en un jour de navigation se rendre à Bornéo, et en deux ou trois jours au plus aux îles d'Amboine et de Banda, de Ternate et de Timor.

Le gouvernement de Mangkassar renferme en outre les résidences de Bouthaïn, de Maros, de Manado et de Gorontalo. Bouthaïn, défendue par une forteresse hollandaise, est située sur la baie de ce nom, baie vaste où les plus grands vaisseaux peuvent mouiller en toute sûreté pendant les deux moussons. On compte dans la résidence de Maros trois cent soixante-dix gros villages ou kampongs, situés dans les plaines de la côte occidentale; ces plaines fournissent de riz l'île entière. Manado, chef-lieu de la résidence de ce nom, est peuplée de quatre mille habitants, la plupart Malais. Quand je visitai cette ville, je fus frappé de la largeur et de la régularité de ses rues, bordées de palissades de sagoutiers; ses maisons, vastes et solides, sont construites en bois sur des poteaux de quatre à cinq mètres d'élévation. Les fenêtres sont très-souvent ornées de sculptures. Les habitations des chefs sont de véritables édifices, très-vastes, dont l'entrée est décorée d'un péristyle ou appartement quadrilatère, dans lequel on arrive par de grands escaliers. Les Hollandais et les *autres Européens* se sont conformés à l'usage du pays en élevant ainsi leurs demeures. J'ai souligné à dessein ces mots les autres Européens, car ils sont fort rares dans cette partie des possessions hollandaises; cependant j'en ai rencontré deux à Manado, et, pour surcroît de bonheur, c'étaient deux Français,

MM. Martin et Barbier, établis depuis longtemps dans ce pays, et se livrant au commerce maritime. J'ai été accueilli chez eux comme un ancien ami, je dirais presque comme un frère; car, à cette distance de l'Europe, un compatriote est plus qu'un ami.

Dans les environs de Manado se trouvent des forêts immenses et de rapides torrents. Celui qui est le plus rapproché de Manado est remarquable par une cataracte de vingt-sept mètres d'élévation. Après Manado viennent les villes de Kema, où l'on fabrique d'excellents cordages pour la marine, avec une population de dix mille âmes, et Gorontalo, dans le golfe de Tomini, résidence d'un sultan qui administre sous la suzeraineté des Hollandais.

Les princes indépendants, mais alliés du gouvernement batave de Java, sont : 1° le sultan de Boni, qui peut armer quarante mille hommes, et dont la capitale est Bayoa, ville de huit à dix mille âmes; 2° le royaume d'Ouadjou, situé au centre de l'île, et habité par des Boughis; 3° celui de Louhou, qui passe pour un des plus anciens et des plus puissants, également habité par des Boughis; 4° celui de Mangkassar, qui ne possède qu'une petite portion de son ancien territoire, et dont la capitale est Goak ou Goa, etc. On compte encore les Touradjas ou Alfouras et les Biadjous, peuples sauvages, toujours en guerre avec leurs voisins.

Les habitants des Célèbes, que l'on distingue en Boughis et Macassars, sont les plus braves de toute l'île. Leur premier choc est furieux et souvent irrésistible; mais une lutte de deux heures fait succéder un abattement total à une si étrange impétuosité. Sans doute qu'alors l'ivresse de l'opium se dissipe, après avoir épuisé leurs forces par des transports frénétiques. Leur arme favorite est le kriss; celui des Célébiens s'allonge en serpentant, ayant à peu près vingt-huit centimètres de long; mais ce qui en rend les blessures mortelles, c'est que les Macassars en trempent la pointe dans le suc empoisonné de l'*oupas*, appelé ipo à Célèbes (1).

(1) L'oupas ou ipo est la gomme d'une grande liane que les indigènes mêlent à plusieurs ingrédients, tels que le piment, le gingembre, le baugli, le koutji, etc.; ils en obtiennent une décoction qu'on fait sécher. Ensuite ils la placent au fond d'un bambou, et en frottent la pointe des flèches qu'ils soufflent dans une sarbacane contre leurs ennemis ou contre les animaux. Ils en frottent également la pointe de leurs poignards ou kriss. Les quadrupèdes et les hommes

Depuis la mer Rouge jusqu'au nord de l'Australie, on trouve des Boughis dans tous les ports de ces contrées, dont ils font le commerce depuis des siècles. Les Boughis ne sont pas seulement commerçants; ils sont soldats mercenaires, et prennent du service dans les armées de Kambodje, de Siam et d'Annam ou Cochinchine, et de plusieurs princes des îles de la Malaisie; ils passent pour être aussi fidèles que braves.

Les productions de cette île sont aussi riches que variées. Le giroflier et le muscadier y croissent en abondance, ainsi que l'ébénier, le santal, le calembac dont on exporte le bois précieux; le sagoyer, dont la moelle est un aliment si délicat et si nourrissant; l'arbre à pain, le cocotier, le bananier, le manguier, le gingembrier, le varinga sacré chez les Javanais, le cafier et l'arekier, qui s'élève à vingt à trente mètres au-dessus du sol. On y voit aussi le bambou, différentes sortes de palmiers, le cèdre, l'érable, le chêne, la canne à sucre, le manioc, le benjoin, le nénuphar, le romarin. On y récolte du tabac, des melons, des

---

blessés par les flèches enduites de ce poison meurent une heure après dans d'horribles convulsions; des oiseaux et des poules périssent en quelques minutes.

patates, des ignames. Toutes les plantes légumineuses d'Europe y réussissent. Le riz et le coton y abondent.

On ne voit dans les forêts ni tigres, ni éléphants; on y trouve beaucoup de cerfs, de sangliers, quelques élans, et un nombre infini de singes; mais il y a une grande espèce de serpents qui en dévore une quantité. L'île nourrit encore des buffles, des chèvres et des moutons d'un tempérament vif, d'un pied sûr, accoutumés aux routes montueuses. On y trouve aussi le babiroussa ou cochon-cerf (*antilopa depressicornis*), dont le nom malais signifie vache des bois. Cet animal, de la grosseur d'une génisse, a deux cornes épaisses, légèrement recourbées en arrière; son poids est de cent à cent cinquante kilogrammes; il est sauvage, et, quoique peu agile, il devient dangereux par les blessures qu'il fait avec ses cornes.

Un mot encore sur les habitants de Célèbes avant de quitter cette île, où je suis resté dix-huit mois. Les Macassars, et surtout les Boughis, sont grands, forts et bien faits, ainsi que les Dayas de Bornéo, auxquels ils ressemblent plus qu'aux autres Malais. Ils sont bien moins cuivrés que ces derniers, et n'ont pas la face équarrie et osseuse comme eux. Ils aiment généralement le travail. Ils élèvent leurs enfants d'une manière qui rappelle les Spartiates : ils les couchent nus, sans langes ni maillot, les sèvrent à un an, les baignent tous les jours, et leur frottent le corps avec l'huile de coco pour les rendre plus souples et plus lestes. Il est vraisemblable que ce procédé leur est salutaire, car on n'aperçoit à Célèbes ni bossus, ni boiteux, ni gens contrefaits. A l'âge de cinq à six ans, les enfants mâles de condition sont mis comme en dépôt chez un ami, de peur que leur courage ne soit amolli par les caresses des parents et par l'habitude d'une tendresse réciproque. A sept ans, ils les envoient à l'école sous la direction de prêtres musulmans nommés *agguis*, qui les élèvent avec beaucoup de sévérité. Les filles sont élevées par leurs mères. Dans les classes aisées, on rencontre un certain nombre de femmes qui savent lire et écrire, chose fort rare dans tout l'Orient. Au sortir de l'école, on fait apprendre aux garçons les métiers de menuisier, d'orfévre, de serrurier, etc. Les filles apprennent à tisser la soie et le coton.

 La plus grande partie des Célébiens, tels que les Boughis et les Macassars, sont mahométans, mais sans fanatisme; les Alfouras et autres peuples sauvages sont idolâtres.

L'ancien boughis est la langue savante, religieuse et en quelque sorte sacrée de Célèbes; elle offre des rapprochements remarquables avec le malais, le bali et le kawi de Java; je la considère, sauf erreur, comme la mère de ces trois langues. Son alphabet consiste en dix-huit consonnes et cinq voyelles, réglées par la classification de l'alphabet sanskrit, qui a été rejeté de l'alphabet javan : il est important de remarquer que cet alphabet, ainsi que la langue boughise, offre peu de différence avec l'alphabet et la langue des Baltas de Sumatra. Dans sa grammaire, qui est très-simple, les noms n'ont ni genres, ni nombres, ni cas; les verbes n'ont ni modes, ni temps, ni personnes : on exprime tous ces rapports par certaines particules mises avant ou après les racines des noms ou des verbes, en les intercalant de différentes manières avec les mots qui en résultent.

En quittant Célèbes, je fis voile directement pour Amboine, chef-lieu du gouvernement particulier des Moluques, avec l'intention de visiter les principales îles de ce vaste et riche archipel;

mais, en arrivant dans cette ville, je trouvai des dépêches du gouverneur général, qui m'ordonnait de me rendre immédiatement à Bali, où de graves dissentiments venaient de s'élever entre le résident hollandais et les princes indigènes de cette île. Je ne m'arrêtai donc que peu de jours dans la capitale des Moluques; et je ne puis dire que quelques mots de cette ville et de la petite île où elle est bâtie.

La ville d'Amboine est située au fond d'une baie profonde, qui pénètre jusqu'à vingt-huit kilomètres dans les terres et divise l'île en deux presqu'îles. Elle est petite, mais régulièrement bâtie. Ses rues sont larges et jolies, et ses maisons en briques sont d'une propreté qu'on ne trouve qu'en Hollande. Sa population est de douze mille âmes, et en grande partie composée de Hollandais. Les Chinois y possèdent de belles maisons richement décorées. Le fort Vittoria, bâti par les Portugais et restauré par les Hollandais, est le plus important de l'Océanie néerlandaise.

L'île d'Amboine est fort petite; elle contient cependant cinquante mille habitants. Elle récolte en premier lieu le girofle, comme toutes les Moluques, et en outre du café, du sucre, de l'indigo, et beaucoup de fruits, dont on fait des confitures délicieuses.

Le climat de cette île est plus sain et plus agréable que celui de la plupart des contrées situées entre les tropiques. Le sol y est en partie rocailleux, ce qui le rend surtout propre à la végétation du giroflier. Les autres productions sont à peu près les mêmes qu'à Célèbes. La mer est peuplée de coquillages brillants, de poissons rares et de crabes singuliers.

L'occupation principale des Malais d'Amboine est la pêche. Il est curieux de voir leurs pirogues se rendant aux lieux les plus fertiles en poissons, au bruit du tam-tam et du goun-goun, ainsi qu'ils font dans leurs fêtes ou dans leurs danses guerrières.

De l'île d'Amboine je pouvais apercevoir les côtes et surtout le pic élevé de Céram ou Sirang, la plus grande des Moluques, après Guilolo. Une partie importante de son territoire dépend d'un sultan qui est vassal des Hollandais. Cette île offre des aspects ravissants; les habitants des côtes sont Malais; ceux de l'intérieur sont des Alfouras presque noirs et sauvages.

En quittant Amboine, je longeai Bourou, une

des plus grandes îles de ce groupe. La vue en est très-pittoresque. Son pic, un peu moins élevé que celui de Céram, a deux mille deux cents mètres de hauteur.

L'île de Bali, où m'appelait ma mission, est toute voisine de Java; elle n'en est séparée que par un détroit, lequel offre une route sûre aux vaisseaux qui retournent en Europe pendant la mousson d'ouest. Elle est extrêmement peuplée pour son étendue (1), elle compte près d'un million d'âmes. Ses habitants sont plus blancs, plus intelligents, plus forts et mieux faits que les Javanais; mais ils sont plus fiers et plus insociables. Voilà sans doute ce qui les a fait résister jusqu'ici à toute tentative de domination des Hollandais. L'île est divisée en huit petites principautés indépendantes, dont les principales sont : Karrang-Assem, Giangour, Tabanan, Bliling et Klong-Klong. Cette dernière dominait jadis sur toute l'île.

Les Balinais ont reçu leur religion de l'Inde à peu près en même temps que les Javanais; mais tandis que ceux-ci acceptaient le mahométisme, les premiers restaient fidèles au culte de Brahma,

(1) En comparaison de Java; elle renferme plus du double d'habitants par lieue carrée.

de Vichnou, de Chiva ou Siva, ainsi qu'aux autres divinités et aux superstitions qu'ils ont reçues des Hindous.

La langue des Balinais est un mélange de celle de leurs voisins. Leurs livres, presque tous mythologiques, sont écrits sur des feuilles de palmier; ils ont une écriture grossière, lente et peu distante. Les établissements destinés à l'instruction sont en très-petit nombre; aussi y a-t-il très-peu de personnes qui essaient d'écrire.

Le sacrifice des veuves, ou *sutty*, est poussé jusqu'à la barbarie dans l'île de Bali. Les femmes, les esclaves et tous les serviteurs d'un mort se brûlent sur son bûcher, dans l'espoir de renaître à une nouvelle vie.

Les Balinais sortent peu de leur île, et leur commerce ne se fait guère que par l'entremise des étrangers. Le gouvernement néerlandais a obtenu, au moyen de traités passés avec les princes de Bali, que les commerçants hollandais ou sujets des Hollandais pourraient former des établissements dans les principaux ports de cette île; mais souvent ces chefs ne se font pas scrupule d'enfreindre les traités, et alors il faut avoir recours aux armes pour leur en imposer de nouveaux, qu'ils violent à la première occasion. A la suite d'hostilités qui avaient eu lieu en 1844 entre le prince de Bliling et celui de Karrang-Assem, un nouveau traité avait été conclu, et les Hollandais avaient construit un fort non loin de Bliling pour protéger les intérêts du commerce de leur nation. Mais bientôt ces deux princes avaient entravé les communications avec le fort néerlandais, et refusé de payer les frais de la guerre, auxquels ils étaient tenus d'après les conditions du traité. Tel était l'état des choses lorsque je fus rappelé d'Amboine.

En arrivant sur les côtes de Bali, je rencontrai un bâtiment hollandais en croisière dans ces parages. La guerre était déclarée, et le gouverneur général se trouvait en ce moment à Sourabaya, dans l'île de Java, où il pressait les préparatifs d'une formidable expédition contre l'île de Bali.

Je me dirigeai en droite ligne vers ce port, que je trouvai effectivement encombré des bâtiments de tout genre qui devaient prendre part à l'expédition. Je me rendis aussitôt auprès du gouverneur général, à Sourabaya. « Soyez le bienvenu, me dit-il, colonel; puisque vous n'avez pu arriver assez tôt pour travailler à conserver la

paix, eh bien, vous venez du moins à propos
pour faire la guerre. » Et en même temps il me
présenta au général-major Van der Wijck, commandant en chef de l'expédition. Je reçus aussitôt
le commandement d'une des colonnes d'attaque,
qui devait se composer de mon ancien régiment,
qu'on attendait d'un jour à l'autre. J'étais heureux
de me retrouver à la tête de mes anciens compagnons d'armes, et il me tardait surtout de revoir
mon cher Roger, qui avait mérité et obtenu les
épaulettes d'officier dans sa campagne contre les
pirates du détroit de Malacca.

En attendant l'arrivée de mon régiment, je me
mis, pour trouver le temps moins long, à parcourir Sourabaya, la seule ville importante de Java
que je ne connusse pas encore. Cette ville est la
plus considérable de l'île après Batavia. Elle renferme au moins cinquante mille habitants. Bâtie à
l'embouchure du Kediri, qu'on nomme également
Sourabaya, elle est fortifiée, très-salubre, munie
d'une rade où l'on peut entrer et d'où l'on peut sortir par tous les vents. On y distingue les trois quartiers hollandais, chinois et malais. Les deux derniers
n'ont rien de remarquable; mais le quartier hollandais présente d'élégants édifices, un bel arsenal

maritime et un hôtel des monnaies. Le nombre des voitures qu'on voit dans cette ville, les chantiers de construction et les magasins, la rendent comparable à une des plus florissantes places de l'Europe.

Enfin mon régiment arriva. Je ne peindrai pas les témoignages d'affection que je reçus de la part des officiers et des soldats, même de ceux qui ne m'avaient jamais vu; car, depuis plus de quatre ans que nous nous étions quittés, un grand nombre étaient partis, et avaient été remplacés par des figures nouvelles. Après la visite du corps d'officiers, je reçus Roger en particulier. Son cœur débordait de joie, et moi je n'étais pas moins ému. « Je suis heureux, lui dis-je, de vous voir avec ces épaulettes, et de pouvoir vous donner l'accolade fraternelle. » Et en disant ces mots, je lui tendis les bras et le serrai sur mon cœur.

« Ah! mon colonel, balbutiait-il,... c'est à vous que je les dois ces épaulettes,... mon colonel! c'est entre nous à la vie et à la mort! » Et le brave homme, ne pouvant contenir son émotion, essuyait deux grosses larmes qui coulaient de ses joues.

Le lendemain, l'armée expéditionnaire, forte de

trois mille cinq cents hommes, s'embarqua. Le 7 juin, nous arrivâmes sur la côte de Bali, et nous débarquâmes sans résistance à Timor-Sangsit. Notre avant-garde s'empara sans coup férir de ce kampong, que l'ennemi chercha à reprendre dans la soirée; mais il fut repoussé avec beaucoup de sang-froid par la garde avancée.

Le 8, dans la matinée, la deuxième colonne, commandée par le major Sorg, se mit en position devant le kampong de Bounkoulen, où l'ennemi avait une garnison de plusieurs milliers d'hommes. Couvert par ce mouvement, le débarquement des trois autres colonnes et des troupes auxiliaires eut lieu dans le plus grand ordre. La première colonne, que je commandais, avait débarqué à six heures du matin; je pris place immédiatement à la gauche de la deuxième; la troisième et la quatrième suivirent alors.

Lorsque toute l'infanterie fut débarquée, le général Van der Wijck prit la résolution d'attaquer vigoureusement Bounkoulen avant l'arrivée de l'artillerie, qui se trouvait gênée dans les rizières. Dans ce but, la deuxième colonne, destinée à garder Timor-Sangsit, resta dans sa position; la quatrième reçut l'ordre, en se déployant à demi, de protéger la gauche de la ligne, qui pouvait être facilement menacée par suite de la grande étendue et de la forme particulière du kampong de Bounkoulen, qui, décrivant un demi-cercle, exigeait le développement de nos troupes à mesure qu'elles avançaient. Les pyroscaphes l'*Etna* et le *Merapia* jetèrent des obus à notre droite et la couvrirent ainsi parfaitement.

Après ces arrangements, les première et troisième colonnes se formèrent en colonne d'attaque, une compagnie de tirailleurs en tête; le succès couronna cette entreprise, l'ennemi fut repoussé du kampong et perdit beaucoup de monde. Nous eûmes un officier et sept soldats tués, et un nombre égal de blessés.

Le commandant voulait profiter de la terreur des ennemis pour attaquer encore le même jour Djaga-Raga, la principale forteresse du radjah de Bliling. Mais les fatigues qu'avaient essuyées les troupes le forcèrent à remettre au lendemain. Le 9, dans la matinée, l'armée se mit en marche dans la direction de cette forteresse. Le chemin que nous suivions n'était qu'un passage étroit qui nous forçait à marcher sur un seul rang. Enfin nous arrivâmes en vue de deux redoutes formidables, ayant des remparts de quatre mètres de hauteur, des fossés de circonvallation de dix mètres de profondeur, et fortifiées encore par de solides constructions de bambou. La première redoute avait la face droite crénelée et était défendue par des canons, de manière à flanquer parfaitement la seconde, qui avait également des canons sur le front. Ces positions étaient liées par un fossé droit de huit à dix mètres de profondeur, qui rompait le passage à travers les redoutes. La deuxième était en outre soutenue par d'autres de moindre dimension, qui se reliaient entre elles, et dont la dernière reposait sur un ravin inexpugnable.

Il était peut-être téméraire d'attaquer avec des forces aussi insuffisantes que les nôtres un ennemi si fortement retranché; mais il eût été plus honteux de reculer après s'être avancé si loin. Le général donna le signal de l'attaque; après une résistance opiniâtre, la première redoute fut emportée d'assaut par le lieutenant Van Swieten et par mon brave Roger; malheureusement ce dernier fut mortellement blessé. La seconde redoute résista à toutes les attaques, et après six heures de combat acharné, pendant lequel nous

nous affaiblissions, tandis que l'ennemi ne cessait de recevoir des renforts, il fallut battre en retraite. Elle se fit en bon ordre, mais bien tristement. Nous avions eu deux cent quarante-six morts et blessés, dont quatorze officiers, cent quatre Européens, vingt-cinq Africains et cent trois indigènes des colonies néerlandaises.

J'étais moi-même blessé, mais légèrement; je souffrais plus de la blessure qu'avait reçue mon pauvre Roger que de la mienne. Quand je le vis à l'ambulance, je cherchai à lui donner quelques paroles de consolation. « Je vous remercie, me dit-il, mon colonel; mais tenez, c'est inutile de chercher à me dorer la pilule; je sais que j'ai mon affaire; seulement j'aurais une grâce à vous demander.

— Parlez, mon ami, tout ce qu'il me sera possible de faire pour vous, je le ferai.

— Voici de quoi il s'agit. Les camarades qui sont à peu près dans la même position que moi ont reçu la visite de l'aumônier protestant, qui est venu les encourager à passer convenablement l'arme à gauche. Il a fait à tout le monde un beau sermon, ma foi, dont j'ai bien pris un peu ma part; mais cela ne me suffit pas; je voudrais pouvoir causer en tête à tête avec un prêtre de ma religion, car, mon colonel, je suis né catholique, et, quoique je n'aie guère pratiqué ma religion depuis ma première communion, je serais fâché de mourir sans confession.

— Bien, mon brave, répondis-je attendri, je vous approuve, et je ferai tout ce qui dépendra de moi pour vous procurer un ecclésiastique de notre religion; seulement je crains bien que nous ne puissions en trouver avant notre arrivée à Sourabaya, où nous serons demain.

— Ce sera peut-être trop tard, me dit-il tristement.

— Non, non, mon ami; soyez persuadé que le danger n'est pas aussi grand que vous le croyez; et dans tous les cas sachez, quoique je ne sois pas moi-même un grand théologien, que le bon Dieu vous tiendrait compte du désir que vous manifestez en ce moment. »

Ces paroles parurent le calmer. Le lendemain nous arrivâmes à Sourabaya, et avant même le débarquement je courus chercher un prêtre, que j'amenai à Roger. Ils s'entretinrent ensemble pendant plus d'une heure. Quand le prêtre se fut éloigné, Roger m'appela. Il avait la figure souriante : « Voilà, me dit-il, ma feuille de route signée ; maintenant je suis prêt à partir... Adieu, mon colonel.... » Il voulut me tendre la main, il expira...

Je pleurai sincèrement la mort de ce brave homme, et son souvenir me suivra jusqu'au tombeau.

Je fis une grave maladie qui me retint au lit pendant plus de six mois. Moi aussi, comme Roger, je me sentis touché du désir de me réconcilier avec Dieu. J'avais, comme lui, négligé depuis longtemps l'accomplissement de mes devoirs religieux ; et j'étais plus coupable que lui, car l'éducation que j'avais reçue et l'exemple de mes parents n'auraient jamais dû me permettre d'oublier ces pratiques salutaires. J'appelai le même prêtre qui avait confessé Roger à ses derniers moments, et je me sentis dès ce moment soulagé d'un grand poids. Je me trouvais aussi prêt à paraître devant Dieu ; mais il ne me jugea sans doute pas encore digne de m'appeler à lui. Je revins à la santé, et ce fut avec des pensées, des sentiments, des espérances toutes différentes d'autrefois.

Je fus pris d'un vif désir de revoir ma patrie.

Le docteur Weelkaer était mort; la plupart de mes autres amis avaient quitté Java; plus rien ne m'attachait à ce pays. Je donnai ma démission et je revins en France, où je vis retiré du monde, avec les revenus d'une modeste fortune et d'une petite pension que me fait le gouvernement hollandais. J'oublie entièrement dans ma retraite et les préoccupations de la politique, et mes goûts pour les pérégrinations lointaines, m'occupant uniquement de me préparer d'une manière convenable à faire le grand et suprême voyage qui termine le pèlerinage de tout homme sur la terre.

FIN

TABLE

INTRODUCTION. 1

CHAPITRE I

Arrivée à Batavia. — Désappointement que j'éprouvai au débarquement. — Aspect de la nouvelle ville. — Visite sommaire dans l'intérieur de la ville. — Population; principaux édifices publics. — Insalubrité ancienne de Batavia. — Ses causes. — Son assainissement actuel. — Le choléra. — Ses ravages dans l'île de Java. — Sa marche sur le globe. — Moyens que les Européens doivent employer pour se préserver des maladies ordinaires à Batavia. — Différence de l'influence des marais d'eau douce et des marais salés. 11

CHAPITRE II

Le docteur Weelkaer. — La Société des arts et des sciences de Batavia. — Effets de la transformation de Batavia. — Aspect de la ville nouvelle vue d'une hauteur qui la domine. — Aperçu du règne végétal aux environs de Batavia. — L'île de Java. — Son importance. — Sa position géographique. — Sa population. — Système orographique. — Principales montagnes. — Productions minéralogiques. — Volcans. — Climat. — Température. — Moussons : l'une sèche, l'autre humide. — Règne végétal. — Règne animal. — Règne minéral. 33

CHAPITRE III

Ethnographie. — Les Malais. — Origine commune. — Variété de races. — Leur conformation. — Habillement. — Les Javans ou Javanais. — Leur caractère; leurs habitudes. — Étrangers établis à Java. — Religion. — Superstition. — Calendrier. — Industrie des Javanais. — Usages. — Habitations. — Jeux et amusements. — Combats de coqs, de taureaux, de tigres et de buffles. — Le rampok. 55

CHAPITRE IV

Coup d'œil général sur les possessions néerlandaises dans les Indes orientales. — Leur étendue; leur superficie. — Importance de Java. — Population générale. — Gouvernement. — Division administrative de Java en vingt-deux résidences. — Possessions externes de leurs divisions. — Causes de la prospérité des colonies orientales hollandaises. — Traité de 1824 entre l'Angleterre et les Pays-Bas. — Ses effets à Bornéo et à Célèbes. — Création du gouvernement de Bornéo. — Affranchissement du port de Mangkassar. — Effets que pourra produire à l'avenir cet affranchissement. — Importance et population de Célèbes. — Gouvernement des nations indépendantes de cette île. — Effets du traité de 1824 dans les autres établissements hollandais. — Intérêt de la France à la prospérité des colonies néerlandaises des Indes orientales. 77

CHAPITRE V

Formes diverses adoptées pour le gouvernement des Indes néerlandaises. — Caractère particulier du gouvernement colonial néerlandais depuis 1816. — Ce qu'était le gouvernement sous l'ancienne compagnie des Indes. — Pendant la domination française ; depuis. — Règlement colonial de 1836. — Pouvoirs et prérogatives du gouverneur général. — Déférence de la population javanaise et malaise. — Administration intérieure d'après le règlement colonial. — Ses avantages. — Différentes dispositions du règlement colonial relativement aux étrangers. 93

CHAPITRE VI

Monuments antiques et du moyen âge de l'île de Java. — Tombeaux et mosquées. — Le grand temple de Brambanan. — Temple et statues de Loro-Djongrang. — Les mille temples. — Temple de Kalibening et salle d'audience de Kalibening. — Palais de Kalassan. — Temple de Boro-Bodo et statue de Bouddha. — Temples innombrables sur le plateau de Gounong-Dieng (mont des dieux). — Ruines diverses. — Ruines de Madjapahit. — Ruines de Sentoul, Gidah et Penataran. — Temples ruinés et statues de Sing'a-Sari. — Ruines de Kotah-Bedah, de Kedal et de Djagou. — Pyramide et temple de Soukou et de Baniou-Kouning. — Statues de Baniou-Wandgi. — Époques probables de la construction de ces divers monuments. 115

CHAPITRE VII

Langue javanaise. — Ses différents dialectes. — Son origine : langue malaise. — Le djawi ou malais pur. — Comparaison de quelques mots djawi et javanais vulgaire. — Littérature malaise et javanaise. — La littérature malaise est moins riche en œuvres poétiques qu'en ouvrages en prose. — Causes de cette différence. — Jugement erroné porté par Crawfurd sur la poésie des Malais. — Rectification de ce jugement. — Les *pantous*, chants vulgaires des Javanais. — Exemples de deux pantous, l'un traduit littéralement, l'autre imité par Victor Hugo. — Les *sjaïrs* ou poëmes d'une certaine étendue. — Division des *sjaïrs* en quatre espèces : poëmes d'un caractère religieux, poëmes historiques, poëmes moraux et didactiques, poëmes épiques ou romans poétiques. — Définition et extrait de quelques poëmes religieux. — Nature des poëmes historiques. — Poëmes didactiques. — Extrait. — Poëmes d'imagination ou romans poétiques. — Analyse du *sjaïr* ou poëme de *Bidasari*, avec quelques passages imités en vers français par Mme Fraissinet. 137

CHAPITRE VIII

Voyage à Djokjokarta et Sourakarta. — Débris de l'empire de Matarem partagés entre deux souverains, le sousounan et le sultan. — Titres de ces princes. — Départ pour Sourakarta. — Samarang. — Route de Samarang à Sourakarta. — Villages javanais. — Mœurs des habitants. — Aspect de Sourakarta. — Description du palais ou kretan de l'empereur. — Habitation des gens du peuple. — Ameublement des personnes de distinction. — Excursion à Djokjokarta. — Garde du sultan et de l'empereur. — Ma liaison avec un capitaine (*sourâh*) de la garde de l'empereur. — Costume des personnes de haute distinction. — Costume de cour. — Costume de ville. — Costume d'intérieur. — Costume des dames. — Amusements des Javanais. — Danses. — Théâtres. — Compositions dramatiques des Javans. — Compositions nommées *topeng*; manière dont les pièces sont représentées. — Sujets ordinaires de ces pièces. — Les aventures de Pandji. — Représentation appelée *wayang* ou scènes ombrées. — Différentes espèces de *wayangs*. — *Wayang-pourwa*. — *Wayang-gedog*. — *Wayang-klitik*. — Fonctions du *dalang*. — Importance de cette profession. — Instruments de musique en usage dans les orchestres ou galaman de Java. — Conte malayou. 165

CHAPITRE IX

Retour à Batavia. — Mission pour aller attaquer les pirates. — Quelques mots sur la piraterie dans l'archipel Indien. — Force et composition de notre expédition. — Position des pirates dans l'île de Billiton. — Difficultés de l'attaque. — Ruses et manœuvres employées par le chef de l'expédition pour tromper les pirates. — Succès du stratagème du commandant. — Combat sur mer. — Attaque des forts. — Combat corps à corps. — Rencontre d'un Français au milieu de la mêlée. — Prise du premier fort. — Capitulation du second. — Succès complet de l'expédition. 197

CHAPITRE X

L'Ile de Billiton. — Mesures prises par le baron Van der Capellen pour empêcher la piraterie sur ses côtes. — Négligence apportée dans la suite à la surveillance des pirates. — Mesures nouvelles prises pour la répression des forbans dans ces parages. — Histoire de Marcellin Roger, ancien volontaire de la Charte, maintenant soldat au service de Hollande. — Je le nomme sous-officier dans ma compagnie. — Je suis envoyé en mission à Palembang, dans l'île de Sumatra. — Départ de Billiton. 223

CHAPITRE XI

Arrivée à Palembang. — Aspect de cette ville. — Mes relations avec le principal ministre du sultan. — Bon effet du langage que je lui tiens. — Société agréable avec laquelle je me lie. — Excursions dans différentes parties de l'île. — Le pays des Lampoungs. — Relation d'une chasse sur les bords du lac Douna-Louwar. — Rencontre d'une troupe d'éléphants sauvages. — J'accompagne des chasseurs lampoungs dans une chasse aux éléphants. — Récit de cette excursion. 243

CHAPITRE XII

Description de l'île de Sumatra. — Voyage à Benkoulen. — Excursion à la montagne sacrée de *Gounoung-Bonko* (le Pain-de-Sucre). — Aspect du pays. — Population de la ville de Benkoulen. — Visite à la résidence de Padang. — Possessions hollandaises dans l'île de Sumatra. — Partie indépendante. — Le royaume d'Achem. — Le royaume de Siak. — Confédération des Battas. — Gouvernement de Battas. — Mélange de mœurs civilisées et de coutumes barbares. — Anthropophagie appliquée comme punition légale. — Mœurs et coutumes des Beyangs. — Leur croyance à la métempsycose. — Les habitants de Menangkabou. — Goût général des peuples malais pour l'opium. 267

CHAPITRE XIII

Retour à Batavia. — Mes entrevues avec le docteur Weelkaer. — Ma visite au gouverneur général. — Mission qu'il me confie, avec le grade de lieutenant-colonel. — Nouvelles du sergent-major Roger. — Départ pour mes inspections. — Arrivée à Bornéo. — État de cette île. — Partie soumise aux Hollandais. — Arrivée à Sambass, chef-lieu de la première résidence hollandaise. — Le royaume de Sambass. — Pays de Mompava. — Royaume de Pontianak. — Excursion à Matrado. — Mines de diamants du pays de Landak. — Le gros diamant du sultan de Matan. — Arrivée à Benjermassing, chef-lieu de la deuxième résidence. — Pays indépendants. — Royaume et ville de Bornéo. — Commerce de cette ville. — Gouvernement. — Les Dayas et autres peuples de Bornéo. — Départ pour Célèbes. 293

CHAPITRE XIV

Description de Célèbes. — Wlaardingen et le fort Rotterdam, chef-lieu du gouvernement de Mangkassar. — Résidences de Bouthaïn, de Maros, de Manado. — Description de cette dernière ville. — Rencontre de deux Français. — Kema. — Gorontalo. — Princes indépendants. — Habitants de Célèbes, Boughis et Macassars. — Leur bravoure. — Relations et commerce des Boughis. — Leur goût pour la profession des armes. — Productions de Célèbes. — Mœurs des Boughis. — Éducation des enfants. — Langue boughise. — Sa grammaire. — Départ pour Amboine. — Ville d'Amboine. — Description sommaire du pays. — Je suis rappelé à Bali. — Quelques détails sur cette île. — Je me rends à Sourabaya. — Expédition contre Bali. — J'ai le commandement d'une colonne. — Je me retrouve avec mon régiment. — Débarquement de l'armée à Bali. — Opération. — Attaque des forteresses de Djaga-Raga. — Prise d'une redoute. — Blessure mortelle de Roger. — Retraite de l'armée. — Retour à Sourabaya. — Mort de Roger. — Ma maladie. — Mon retour en France. 313

www.ingramcontent.com/pod-product-compliance
Lightning Source LLC
Chambersburg PA
CBHW020247240426
43672CB00006B/659